미혼, 사유와 철학에서 길을 찾다

싱글의 철학

미혼, 사유와 철학에서 길을 찾다

싱글의
철학

지식공감

contents

서문

　　결혼은 그 어떤 주제보다도 우리에게 특별하다. 결
혼은 한 사람의 인생에 있어서는 물론, 그 사람이 속한 사회, 그
사람이 살고 있는 시대의 측면에 있어서도 가장 중요한 문제이기
때문이다. 우리의 인생은 결혼 전과 후를 기준으로 매우 달라지
고, 사회 구성원들의 결혼 모습을 보면 그 사회가 어떤 사회인지
가늠할 수 있다. 한 시대를 평가하는 것도 마찬가지이다. 그 시대
결혼 풍속은 곧 그 시대가 어떠했는가를 나타내는 척도이다.

　　결혼은 축복이라 한다. 결혼은 혼자 사는 삶에서 더불어 사는
나의 공동체를 이루는 삶으로 나아가는 삶의 변곡점이자 통합이
다. 또한 결혼은 나의 미래, 즉 아이를 가져다 주는 선물이다. 그
래서 새롭게 시작하는 남녀의 결혼식에는 많은 이들이 전해주는
축복으로 넘쳐난다.

　　그러나 지금 이 시대를 사는 우리는 이 축복과 영광에 취해서
그 안에 묻혀 있는 진실한 것들을 그냥 지나치고 있는 것은 아닌
지 묻게 된다. 지금껏 그 누구도 그러한 진실들을 파내어 다시 질
문하고 따져보지 않았다. 그만큼 결혼은 때 되면 해야 하는 너무

도 당연한 일이었다. 하지만 그것이 전부일 수 있을까? 그저 어렵지 않은 다음의 몇 질문을 해보자. 얼마나 많은 기혼자들이 결혼 전의 삶보다 결혼 후의 삶이 더 행복하고 진실되다 느끼며 살고 있는가? 왜 주변의 많은 기혼자들은 결혼 한 후의 삶이 더 행복해 보이지 않는 것일까? 아니, 혹 닮고 싶은 결혼의 모습을 하고 있는 이들을 주변에서 찾아볼 수는 있는가? 오늘날 우리의 결혼 과정은 어떤 모습을 하고 있는가? 가장 중요한 것들은 생략하고 객관적 수준이나 조건에 따라 결혼 상대를 결정하려 하고 있지는 않은지 생각해보게 한다. 또한 결혼에는 큰 비용이 들지만 정작 결혼식은 마치 붕어빵 찍어내듯 순식간에 이루어지고 있으며 이 결혼식에 진정 주인공은 있는 것인지, 그리고 과연 누구를 위한 결혼식인지 되묻지 않을 수 없다. 또한 미혼은 어떠한가? 왜 혼기가 찼거나 지난 많은 미혼자들은 가족이나 주변에 죄를 지은 양 부담을 느끼고 염려하며 살고 있는가? 각 개인마다 결혼을 해야 하는 적정한 시기는 모두 동일한 나이대여야 하는가? 내 상황, 꿈, 현실 등 모든 것을 다 배제하고 적당한 때에 결혼하려 하는 것은 결국 그 자신을 위해 옳은 일일까?

우리는 이렇게 본질적인 질문들에 답을 하지 않고 그냥 지나치고 있다. 이 질문들에 답하려 노력해보지만 어느 하나 쉽고 명료하게 답이 되지 않음을 느끼게 된다. 심플하고 명료하게 답이 되지 않는다면 무엇인가 문제가 있을 수도 있다는 것이고, 따라서 깊이 생각해 볼 가치가 있다. 지금껏 결혼은 인간이면 해야 하는 너무도 당연함이라 여겼기에, 어쩌면 이런 질문을 한다는 것 자체가 사람으로서 해야 할 올바른 일이 아니라 생각해왔는지도 모른다. 하지만 오늘의 시대 상황이, 또 머리가 커져버린 미혼자들이 크게 늘어난 현재가 더 이상 이런 물음에 함구할 수 없도록 하고 있다.

나는 우리 사회 그리고 이 시대가 이제 결혼이란 주제에 대해 진지하게 물음을 던지고 깊이 있게 생각해 보아야 하는 막다른 지점에 이르렀다고 믿는다. 더 이상 미룰 수 없다. 현 시대 상황이 이를 증명한다. 남녀 모두의 초혼 나이는 갈수록 높아지고 있다. 현실의 여건과 경제적 문제는 결혼하는 이들에게 아이를 낳는 것조차 상당한 부담으로 작용해 아이의 출산이 결혼을 결정하게 하는 강력한 촉매로써 과거만큼 결정적인 기능을 하지 못한다. 결혼 비용은 결혼적령기에 있는 이들만의 힘으로는 감당하기 힘들 정도가 되어 젊은 남녀에게 큰 걸림돌이 된다. 결혼 상대자의 객관적 지표나 조건이 중요해졌지만 오히려 남성에 비해 여성의 교육수준이 급격히 상승하고 있고 여성의 사회적 경제적 지위도 개선되고 있기 때문에, 고학력 여성들의 배우자 선택을 어렵게 한다. 덕분에 우리 사회의 미혼비율은 OECD 가입 국가 중 가장 높아졌다. 자의식이 성숙되어버린 이들은 내 꿈과 결혼 중에서 어느 것을 포기해야 하는지 갈등한다. 어느새 미혼은 우리 시대와 사회가 처한 가장 중요하고 골치 아픈 문제 중의 하나가 되었다.

따라서 용감히 질문을 던지는 일은 바로 이 시대의 미혼자들이어야 한다. 결혼의 문제에 가장 직접적으로 직면한 이들이야말로 질문을 던지고 답을 구하며 이 시대에 길을 안내해야 하는 사람들이다. 미혼의 비율은 역대 어느 때보다 높아져 가지만 미혼자들의 정신적 삶은 더욱 안정되지 못하고 불안해져 간다. 이 사회의 주요 계층이 되어가는 이들이 안정되지 못한다면 우리 사회 또한 안정되지 못하고 병들게 된다. 하지만 가까운 장래에 이들이 안정을 찾기가 쉽지 않고, 그렇다고 많은 미혼자들이 생각을 바꾸고 급히 결혼을 선택해 문제를 해결할 가능성도 없어 보인다. 그들을 바라보는 사회적 시선, 주변의 압박, 고정 관념들 등 그들이 극복해야 할 많은 장벽들이 존재하지만 그들이 결혼을 선택하기는 점점 더 쉽지 않은 상황으로 되어간다. 이제 더 이상 도피할 곳도 물러설 곳도 없다. 오직 결혼에 대한 기존의 낡은 틀과 관념들을 부수고, 새 시대에 맞는 바르고 새로운 기초를 닦을 시대적 소명이 그들 앞에 놓여 있을 뿐이다.

이렇게 묻고 따지는 가운데 모든 물음들이 연결되는 매우 본질적인 한 물음이 있다. 오늘날 결혼과 미혼 사이 나란 존재는 과연 어디에 있는가? 이 물음은 다른 모든 질문들의 답을 구하는 데 중심에 있으며, 이에 답할 수 있다면 이 시대 혹은 사회가 처한 다른 문제들에서 대해서도 답을 찾을 수 있음에 틀림이 없다. 비단 결혼의 문제만이 아닌 여타의 문제들에서도 말이다. 결혼이란 인간사에 가장 큰 영향을 끼치는 일이며 또한 나란 존재를 구하는 문제는 모든 일들의 한가운데 있는 일이기 때문이다. 이렇게 개인과 사회, 시대를 관통하는 본질적인 물음에 답을 구함으로써 그들은 지금 시대에 알맞은 적절한 답을 찾고, 그럼으로써 새로운 시대를 준비하는 계기를 마련하게 될 것이다. 나는 이러한 계기를 마련하는 주체가 바로 미혼자들이어야 하며, 그들의 진지한 사유에서부터 그 시작이 열릴 것이라 주장한다.

　미혼자들이 이 시대적 소명, 즉 본질적 질문에 직면해 길을 찾고자 한다면 그들에게 주어진 고정관념과 틀에서 벗어나 더 깊이 더 자유롭게 사유해 보아야만 한다. 잠시의 사유할 시간조차 스마트폰이나 TV에 빼앗기고 사유 그 자체 역시 어렵고 힘든 것이라 여겨지게 된 오늘날 그들은 다시 올바른 사유의 길을 되살리길 요구 받는다. 사유는 진리를 만나게 해주기 때문이다. 철학자 가다머는 진리란 저 먼 다른 세계에 있는 것이 아니라 우리의 삶 자체에 존재하는 것임을 강조했다. 사유란 지식을 더하는 일이 아닌 우리 모두의 삶에 있어서 늘 구체적으로 실천하고 해석하는 일이며, 이렇게 사유함이야말로 올바르며 진리를 만나는 일이라 하였다.

　진리는 그들을 자유롭게 할 것이다. 성경에는 '진리가 너희를 자유롭게 하리라'라는 참된 문구가 있다. 힘들고 어렵지만 삶 속에서 진지하게 사유하고 고민할 때 진리를 만나 행복하고 주체적인 삶을 살게 된다. 고대 그리스에서 행복은 '에우다이모니아(eudaimonia)'라고 불렸다. '에우(eu)'는 선하고 좋다는 뜻이며 '다이

몬(diamon)'은 영혼을 뜻한다. 즉, 고대 그리스에서의 행복은 선하고 좋은 영혼을 가진 상태이다. 위대한 고대 철학자 피타고라스는 순수한 사유야말로 영혼을 정화하는 길이라고 여겼다.[i] 또 다른 고대 철학자 헤라클레이토스도 영혼의 가장 중요한 속성은 지혜와 사유라는 신념을 가지고 있었다.[ii] 내 영혼을 건강하고 좋은 상태로 가꾸고자 한다면 늘 끊임없이 사유하며 내 이성을 깨우고 진리의 길에 들어서고자 노력해야 한다.

근대에 들어서면서 철학자들은 인류의 역사를 과거와 다르게 보기 시작했다. 그들은 역사는 스스로 진보한다고 생각했다. 각각의 시대에 나타난 대표 사상, 가치, 사회적 현상 등은 그냥 우연히 생겨나는 것이 아니라 역사가 스스로 자기 발전을 전개하는 과정에서 나타나는 것이다. 근대 철학자 헤겔은 이러한 철학사상의 정점에 있다. 그에 따르면, 세계는 부단히 자기 운동하며 그 속에서 스스로 대립하고 통합하는 과정을 통해 절대적인 완성의 세계를 향해 나아간다. 과거 어느 때보다 지금 현재가 더 발전되었고 또 지금보다는 미래가 더 진보된 시대가 될 것이듯 한 시대는 그 다음의 발전된 시대로 나아가는 것이다. 이 사실은 우리 역사가 계속 발전해 왔다는 사실에서 증명될 수 있다. 헤겔에 큰 영향을 받은 현대철학자 가다머는 이 설명을 역사의 발전이 아닌 새로움의 차원으로 다듬는다. 과거가 있기에 현재가 있고 현재는 과거의 전통을 이어 받아 지금 이 시대에 맞게 적용하고 만들어가면서 또 다른 새로움의 미래로 나아간다. 우리의 역사는 그렇게 과거를 현재가 이어 받고 그 현재는 새로운 모습의 미래로 나아가는, 이 무한하면서도 역동적인 과정을 반복하고 있으며 앞으로도 반복될 것이다.

이러한 철학자들의 통찰은 나로 하여금 미혼의 주제에 대해 좀 더 문제의식을 가지고 들여다 볼 수 있게 해준 원동력이자 이 글을 집필하게 해준 동기이다. 무엇보다 중요한 것은 그들의 통찰이 미혼이라는 벅찬 주제에 대해 글을 쓰면서 늘 나를 엄습하는 혼란과 의문, 의심 속에서 길을 잃지 않고 끝까지 글을 마칠 수 있게 해준 신념이자 버팀목이었다는 사실이다. 나의 주장이 과연 보편적인 이야기를 하고 있는지 또 시대에 합당한 말은 하고 있는지 회의감이 들 때마다 나는 철학자들의 통찰과 사유 속으로 돌아가고자 했으며 그들을 믿고 다시 거기서 시작하였다. 과거를 통해 현재가 있고 현재는 그 과거를 이해하고 그 속에 담긴 문제를 지금 현실에 맞게 극복하며 더 나은 미래로 새롭게 나아감은 진리가 분명하다. 나는 다음의 사실에 비추어 보아 이를 더욱 확신하게 되었다.

생물학적으로 보면 인간은 세대를 거쳐 진화한다. 이 진화는 자녀가 부모의 DNA를 물려받아, 즉 한 세대가 이전 세대의 유전자를 받아들이되 현재 자기 세대의 문화, 문명, 환경 등에 적응하며 나름대로 더 안정적이고 생존에 적합한 방향으로 자신의 유전자를 새롭게 만들어간다. 덕분에 우리는 오늘날 과거 어느 시대보다 더 장수하며 더 복잡한 삶을 영위할 수 있게 되었다. 이러한 현 세대의 유전자를 물려 받는 다음의 세대는 그들의 시대에 맞는 또 다른 새로운 유전자를 가지게 될 것이다.

시대도 마찬가지이다. 한 시대는 이전 시대의 유산을 물려받아 그 유산 속에 있는 문제들을 극복하며 더 성숙한 시대로 나아간다. 우리 조부모와 부모의 세대는 광복과 전쟁의 여파로 먹고 사는 문제가 가장 우선인 시대에 살았다. 그들에겐 무엇보다 먹고 사는 문제가 중요했기에 자신의 후손인 우리 세대에게 무조건적인 경제적 성공과 대학졸업 이상의 교육을 강조하였다. 그것이 먹고 사는 것을 해결해주기 때문이다.

덕분에 우리 세대는 그들의 유산을 물려받아 사회적인 성공이나 경제적 부에 최우선 가치를 두며 먹고 사는 문제를 상당히 해결했다. 그러나 그 유산 속에는 나라는 존재에 대한 질문이 없다. 우리는 열심히 공부해야 안정된 미래가 보장된다는 신념 하에 내가 잘하는 것이나 하고 싶은 것을 진지하게 생각하지 않고 미래의 비전이나 안정된 삶을 기준으로만 전공을 선택했고, 점수에 맞추어 대학을 선택했으며 졸업 후 하고 싶은 것과는 상관없는 직장이나 일을 선택했다. 그렇게 시급한 경제적 문제는 해결했으나 자신에 대한 고민이 없는 일상에서 점점 인생의 공허함을 느끼게 되고, 자기 삶에 의미를 찾지 못하면서 자기 자신과 멀어지게 되었다. 철학자 존 스튜어트 밀은 자신의 저서 「자유론」에서 다음과 같이 말했다.

우리의 육체나 정신, 영혼의 건강을 보위하는 최고의 적임자
는 누구인가? 그것은 바로 각 개인 자신이다. 우리는 자신에게
도움이 된다고 생각하는 방향으로 자기 식대로 인생을 살다가
일이 잘못돼 고통을 당할 수도 있다. 그러나 설령 그런 결과를
맞이하더라도 자신이 선택한 길을 가게 되면 다른 사람이 좋다
고 생각하는 길로 억지로 끌려가는 것보다 궁극적으로는 더
많은 것을 얻게 된다. 인간은 바로 그런 존재다.[iii]

여하간 우리는 시대적 유산 속에서 이러한 과정을 겪으며 비로
소 밀이 이야기한 것을 이해하기 시작했다. 즉, 먹고 사는 것도
중요하지만 내 자신이 주체가 되는 삶, 나에게 의미가 있는 삶을
사는 것도 중요함을 깨닫기 시작했다. 그래서 나의 자녀 즉 우리
후손만큼은 자신들이 좋아하는 것, 잘하는 것을 선택하도록 해
주겠다는 열린 생각을 가진 이들이 조금씩 늘어나고 있다. 이러
한 우리의 유산을 물려 받은 다음 세대들은 그 유산 속에서 또
다른 문제를 발견하고 자신들의 방식대로 역사를 만들어 갈 것
이다.

앞서 밝혔듯 미혼자들이 직면한 물음 '결혼과 미혼 사이 나란
존재는 과연 어디에 있는가?'는 이 시대의 과제인 나의 존재를
찾는 일과 정확히 동일선상에 있다. 이는 진리를 찾는 것과 다르
지 않으며 미혼의 문제가 시대의 문제와 연결되어 있는 근거이다.
이 질문에 답을 하고자 한다면 우리는 다른 수많은 질문들을 만

나야 한다. 삶의 의미란 무엇인가? 행복이란 무엇일까? 사랑은 어떻게 정의되는가? 타인은 누구인가? 시간은 무엇인가? 등등… 어렵지만 많은 사유를 요구하는 이 물음들을 회피한다면 우리는 온전히 자기 삶을 살 수 없다. 마찬가지로 기존의 고정관념에 갇혀 새로운 시대에 맞는 사유를 하지 못하는 미혼자라면 결혼을 해도 그 결혼생활은 행복할 수 없다.

본문에서 소개하는 미혼에 대한 일부 연구와 지표들에서 보게 되겠지만 많은 미혼자들의 삶은, 아니 좀 더 정확히 표현해서 결혼 적령기를 넘긴 많은 미혼자들은 오늘날 평온하고 행복한 삶을 살기가 쉽지 않다. 이들에게는 떳떳하고 당당하게 사는 데 부담을 주는 사회적, 환경적 요인들이 작용하고 있다. 그로 인해 그들 중 적지 않은 이들의 가슴 한 켠에는 부담감, 죄책감, 조급함, 우울감 등 부정적이고 불편한 감정이나 생각들이 자리를 차지하고 있는 것도 사실이다. 때문에 삶은 고민을 주고 무게를 느끼게 하는 하나의 시련이 되어 버렸다. 그러나 역설적이게도 그렇게 시련이 주어졌기에 그들은 비로소 자신의 존재에 대한 진지한 고민과 물음을 던지게 되는 것도 사실이다. 문제는 이 소중한 기회를 어떻게 살리느냐이며, 이것이 미혼으로 남든 기혼이 되든 그들 앞으로의 삶의 질과 행복에 큰 영향을 끼칠 것이다.

따라서 이 글은 시련에 대한 고찰에서부터 시작한다. 늘 그렇듯 기존의 고정관념과 틀을 깨기 위해서는 시련이 동반되기 때문이다. 시련의 의미를 잘 이해하고 받아들일 때 우리는 많은 것을 배우고 폭넓은 시야가 열린다. 이러한 시련을 시작으로 미혼자들이 생각해 볼 가치가 있는 몇 가지 주제, 즉 사유, 고독, 시간, 사랑, 인연에 대해서도 차례로 살펴본다. 또한, 이렇게 처음부터 끝까지 이 주제들을 다루는 동안 줄곧 사유의 중요성에 대해 말한다. 그리고 모든 주제들이 어떻게 사유와 연결되는지도 설명한다.

초행 길에 나설 때는 길을 안내하는 안내자가 필요하듯, 사유한다는 것에 깊이 고민해 보지 않았던 이들은 올바른 사유를 위해 안내자를 필요로 한다. 따라서 미혼에 대한 사유의 문을 철학자들과 함께 열어가고자 한다. 장구한 세월 동안 무수히 많은 철학자들이 있었다. 놀랍게도 우리가 무슨 고민을 하건 그 고민은 과거 어느 철학자가 되었든 한번쯤 해본 고민이며, 그 철학자들은 그 고민에 대해 자신의 사유를 통한 깊은 통찰을 제공한다. 그들의 통찰을 길잡이 삼아 우리 자신도 더 깊이 사유할 수 있다.

부족한 실력과 좁은 사유로 미혼의 세계를 철학과 함께 풀려다 보니 많은 미흡함과 실수가 있음을 안다. 그럼에도 불구하고 평소 철학과 사유에 익숙지 않은 미혼자들에게 조금이라도 사유를 자극하고 이끌어 내는 데 도움이 될 수 있으면 하는 마음에 주제 넘게 이 글을 쓰게 되었다. 이미 충분히 사유하고 문제의식을 가지고 살아가는 분들에게는 밑천이 보이는 글이기에, 본

글은 바쁘게 살며 생각할 시간이 부족한 이들을 대상으로 한다. 따라서 그들에게 조금 더 쉽게 다가갈 수 있는 글이 되고자 능력이 닿는 한 어렵지 않고 느슨하게 철학 이야기를 풀어놓으려 노력했다.

쉽지 않은 순간들을 마주하고 있는 미혼자들에게 사유를 하게끔 하며 진리의 길에 이르는 단서를 제공하는 조력자들은 다름아닌 인류 역사상 존재했던 철학자들이다. 그들의 이야기를 살피는 것은 그것이 단지 멋지고 세련된 이야기여서가 아니다. 그들은 구체적인 삶 속에서 깊이 사유하면서 진리를 추구하였기 때문이다. 그들은 그렇게 누구보다도 치열하게 사유함으로써 진리가 그들 앞에 드러나는 순간을 경험하지는 않았을까? 비록 지금으로부터 먼 시대에 살았던 고대 철학자의 이야기라 하더라도 진리와 마주했던 이야기라면 시대에 뒤떨어진 그저 삶에 위안을 주는 이야기 정도로만 받아들이는 것은 옳지 못하다. 그 이야기 속에는 진정 시대를 초월하는 진리가 담겨 있기 때문이다. 따라서 그들은 왜 그렇게 이야기했는지 또 우리가 놓치고 있는 것은 무엇인지 진지하게 사유할 가치가 있다.

이 책은 분명 미혼을 주제로 한 글이지만 미혼에 대한 이야기에만 매몰되지 않는다. 때론 미혼의 주제와는 무관한, 사유를 자극하고 진리를 논하는 철학 이야기를 하기도 한다. 어떤 삶의 문제이든 그 문제에만 집중하기 보다는 한걸음 떨어져 다른 이들의 생각을 듣고 그들 삶의 경험과 지혜를 접하고 사유할 때 더

싱글의 철학

올바른 길이 열리기 때문이다. 특히 그들이 위대한 철학자들이라면 더욱 그러하다.

재차 강조하지만 이 책은 결혼의 유무나 찬반을 논하는 글이 아니다. 그러한 문제들에 앞서 더 본질적으로 미혼자들 앞에 놓여있는 과제는 '과연 사유는 하고 있는가?'이다. 모든 삶은 자기의 사유 및 의식 수준만큼 살아가게 된다. 또한 시대 변화에 맞추어 자신의 삶을 주체적으로 만들어갈 수 있는 사유를 하고 있는지가 문제의 핵심이다. 부디 이 글이 사유하고자 하는 미혼자 분들의 손에 닿기를 간절히 바라며 장문의 서문을 맺는다.

single

1장

시련과 미혼

우리는 생각한대로, 또 마음먹은 대로 살 수 없다. 우리가 겪는 물리적 제약과 육체적 제한은 즐기고 싶은 것을 다 즐길 수 없으며, 선택하고 싶은 대로 다 선택할 수 없도록 한다.

우리는 표현하고 싶은 것을 다 표현하지 못한다. 언어 표현의 한계와 사회의 틀은 내가 이해하는 모든 사실들을 온전히 타인에게 다 전달할 수 없도록 만든다. 그래서 필연적으로 각자는 자기만 아는 내면의 비밀을 간직한 채 살아가야만 한다.

우리는 세상의 모든 진리와 진실을 다 알 수 없다. 인간으로서 가지는 제한된 사고범위와 체험의 한계는 우주 만물의 모든 이치와 세상 모든 일들의 참된 진실을 다 파악할 수 없도록 만든다. 이러한 제약과 한계를 통틀어 '인간의 유한함'이라 한다.

유한함으로 인해 세상은 편한 날보다 힘든 날이 더 많다. 아니, 행복하다고 믿고 사는 날보다 불행하다고 믿고 사는 날이 더 많다. 세상의 틀 속에서 나를 온전히 이해하기 힘들고 참된 내 모습을 찾기도 어렵다. 나와 타인에 대한 부족한 이해는 사람들과의 관계에서 오해를 만들고, 오해는 갈등과 증오를 낳으며, 갈등과 증오는 내 마음 속의 불안과 삶의 불행을 키운다. 이렇게 이 세상을 사는 존재들의 치명적 결점인 유한성은 세상을 살면서 겪는 모든 일에 시련을 부여한다. 무엇을 하든 무엇을 겪든 시련을 경험하지 않고는 건널 수 없다. 공부를 하는 일, 돈을 버는 일, 사람을 사귀는 일, 사랑을 하는 일, 아이를 낳고 키우는 일, 심지어 취미를 즐기는 일까지…. 무슨 일이든 제대로 하고자 한다면 시련을 만난다.

하지만 같은 인생이라도 누구는 시련이 덜한 삶을 살고, 누구는 시련 가득한 삶을 산다. 왜일까? 인생이란 우리의 의식이 겪는 경험이자 느낌 그 이상도 그 이하도 아니기 때문이다. 똑 같은 현실이라도 그 사람의 의식 또는 사유 수준에 따라 전혀 다른 현실이 된다. 마찬가지로 시련도 겉으로 힘들어 보이는 일들 속에만 존재하는 절대적인 경험이 아니다. 이것을 제대로 이해할 수 있다면 시련은 더 이상 시련이 아니게 되며, 오히려 우리의 의식을 더 높일 수 있는 경험이자 의미가 되어준다.

💜 철학에서 길을 찾다

　　　　인간으로서 부여된 이 유한성은 우리에게 시련을 주고, 시련은 삶이란 온통 고통과 불행으로 가득 찬 가시밭길이라 생각하도록 만든다. 인류에 있어 가장 원초적인 바람은 시련에서 해방되어 진정한 행복에 이르는 것이다. 누구나 불행이 아닌 행복을 꿈꾼다. 그럼, 어떻게 하면 고(苦)에서 벗어나고 행복에 이를 수 있을까? 지긋지긋한 이 현실을 의미 있고 만족스럽게 바꿀 수 있는 길은 없을까? 서양철학사를 통틀어 유일하였던 노예 출신의 철학자 에픽테토스 이야기에 귀 기울여 보자. 그러면 아마도 이렇게 대답했을 것이다.

　"유한한 인간이 고통스런 현실을 실제로 바꿀 수 있는 방법이 있느냐고 묻는다면 나는 '그럴 수 없다'라고 답할 것이다. 그러나 그 고통스러운 현실을 고통스럽지 않게 대할 수 있는 방법이 있느냐고 묻는다면 나는 '그렇다'고 답할 것이다. 모든 일은 어떻게 바라보느냐에 따라서 고통이 되기도 하고 기쁨이 되기도 하니까. 우선 네가 바라는 대로 세상의 일들이 일어나기를 바라지 말고, 일어나는 일들이 실제로 일어나는 대로 그렇게 일어나기를 바라라.[iv] 또한 너 자신이 할 수 있는 일과 없는 일을 구분한 뒤 할 수 있는 일에만 집중하라![v] 철학적으로 충실히 사유하는 삶을 사는 것이 중요하다![vi] 그렇게 할 수만 있다면 너는 시련이 존재하는 인생이란 연극 속에서 네게 이미 주어진 그 배역에 만족하며 멋지게 살 수 있을 것이다.[VII]"

에픽테토스만큼 시련과 인생에 대해 멋진 조언을 해줄 수 있는 철학자가 또 있을까? 그는 조언할 자격이 있다. 노예 여성의 아들로 태어나 마찬가지로 노예의 삶을 살았고 류마티스로 인해 다리를 절었으며 자신의 주인에게 고문을 당하는 등 절망적인 삶을 살았다. 하지만 그는 그러한 시련 속에서도 굴하지 않고 사유하였고 철학 하였다. 신분의 차이가 엄격했던 귀족중심 사회였으며 철학이 귀족과 상류층만의 산물로 간주되던 로마시대에서, 그는 그들보다 더 품위 있는 철학자가 되어 많은 제자들을 거느렸고, 로마 황제 마르쿠스 아우렐리우스에게까지도 큰 영향을 주었다. 그는 늘 정신적 자유를 강조하며 삶에서 철학 하는 자세를 견지해야 함을 강조하였다.

철학이란 과연 무엇이길래 그는 철학 함으로써 삶의 의미와 만족을 찾을 수 있다고 하는가? 철학을 한다는 것은 사유를 하며 진리를 추구하는 일이다. 또한 지혜를 얻는 일이기도 하다. 우리 마음의 무게는 진리에 다가갈수록 가벼워진다. 지혜를 얻을수록 우리의 자아는 점점 작아진다. 가벼워진 마음과 작아진 자아는 현실을 더 이상 고통과 시련으로 받아들이지 않는다. 이들이 주어진 현실과 다투지 않기 때문이다. '고통과 시련은 더 이상 고통과 시련이 필요 없다는 것을 깨닫게 될 때까지만 필요하다'는 말이 있다. 이러한 깨달음은 진리가 드러나는 바로 그 순간 속에 내가 서있을 때 비로소 주어진다. 진리가 드러나는 순간에 서 있기 위해서 우리는 사유해야 한다. 자신의 현실에서, 자기에게 주어진 문제에서, 자기에게 닥친 시련 속에서 치열하게 스스로에게 묻고 답하는 것이다. 이것이 바로 철학 한다는 것이고, 유한한 인간이 삶을 올바로 맞이하며 무한한 존재로 나아가는 유일한 길이다. 고대 철학자 에피쿠로스는 진정한 철학은 마음의 평정을 가져다 준다며 '영혼을 위한 의학'이라고 하였다.[viii]

이미 역사 속 수많은 철학자들이 인간의 삶을 유한성으로부터 야기되는 고통과 시련이라 보았고, 그럼에도 불구하고 행복하고 자유로울 수 있는 진리의 길에 대해 깊이 고뇌하였다. 고타마 싯타르타는 현생을 고뇌와 번뇌로 가득 찬 혼돈의 삶으로 보며 열반을 강조하였고, 쇼펜하우어는 이 세상을 오직 생존에의 의지만이 넘치고 서로 투쟁하는 고통의 세계로 바라보았다. 그가 염세주의 철학자로 불리는 이유이다. 절망, 죄, 죽음 등의 주제에 대해 연구한 덴마크 철학자 키에르케고르는 인간의 불안이란 유한과 무한, 유한한 시간과 영원 등의 대립과 모순에서 비롯된다고 보았다. 니체는 자칫 덧없고 무가치하며 고통스러워 보이는 이 삶을, 그럼에도 불구하고 긍정하며 초인처럼 살아가라고 조언한다. 독일 철학자 하이데거는 인간의 본질적인 감정[1]으로 불안을 꼽으며 이 불안 속에서 진정한 자기자신이 되는 계기를 발견한다고 하였다. 레비나스는 인간이라는 존재자는 그 유한성으로

---

1) 하이데거는 그의 저서 『존재와 시간』에서 불안은 인간의 본질적인 심정성 또는 마음씀이라 ▪️민민티.

인해 불면이나 구토, 권태 등의 다양한 존재론적인 고통과 불안정한 현상을 겪게 된다고 지적한다. 그래서 그는 타인과 현실 저편의 세계를 연구하려는 형이상학자가 되고자 했다.

　이렇게 일찍이 인간의 고통과 시련에 대해 깊이 있게 성찰한 많은 철학자들이 있었고, 그들은 그 속에서 진리를 찾고자 하였다. 따라서 그들은 올바른 사유의 길을 찾아 헤매는 이들에게 진리로 가는 길을 안내해 줄 것이다. 물론 그들의 안내해 주는 것에만 의지하려 한다면 잘못된 길로 들어서는 것이다. 철학한다는 것, 즉 사유한다는 것은 아무리 위대한 이의 사유라 하더라도 그대로 그들의 길을 뒤따라만 가는 것이 아니다. 그들이 남겨 놓은 통찰과 지혜의 발자취를 밟아가다 보면 자기 자신의 구체적인 삶 속에서 등장하는 더 이상 나아갈 수 없는 길을 만나게 되고, 바로 그곳에서부터는 나의 사유로써 자기 존재와 삶에 대한 이해를 구하는 나만의 길을 가야 한다.

　에픽테토스가 말한 대로 우리에게 문제가 되는 것은 고통을 일으킨 그 일 자체가 아니라 오직 그 일을 바라보는 나의 생각과 느낌이다. 이 험난한 현실 속에서 스스로를 보잘 것 없고 버림받은 존재로 여기게 되는 것이 문제이다. 2차 세계대전 당시 유대인 정신과 의사로서 죽음의 수용소 아우슈비츠로 끌려가 가족을 잃고 구사일생으로 살아남았던 빅터 프랭클은 한동안 우울증 및 자살충동과 싸워야 했다. 다행히 그는 정신과 의사답게 그 깊고 어두운 늪에서 빠져 나올 수 있었는데, 그러한 고통을 겪으며 느낀 인간의 본질 및 시련과 고통에 대한 이해를 정신상담이론에 접목하였다. 그에 따르면 인간이란 의미를 가진 존재[ix]이며, 인간이 어떠한 시련을 겪는다는 것은 그것이 무엇이든 간에 자기 자신에게 의미를 주는 것이다. 따라서 누구라도 아무리 힘든 상황에서도 의미를 가질 수만 있다면 자신에 대한 존엄성을 잃지 않고 고결한 존재로 살아갈 수 있다. 삶의 진정한 의미를 갖는다는 것, 이것은 진정 진리와 마주할 때 가능해지며 그를 위해 우리는 철학하고 사유해야 한다.

💜 미혼, 시련을 만나다

우리는 세상에 나올 때부터 이미 한계를 경험한다. 우리는 선택해서 태어나는 존재가 아닌 선택되어 태어나는 존재라는 사실부터가 그 경험의 시작이다.[2] 내 의지와 무관하게 선택되어 세상의 빛을 보게 된 그 순간부터 우리는 던져진 그 시대, 그 세상이 요구하는 많은 것을 배우고 따라야 한다. 눈을 감는 날까지 우리는 우리에게 부여된 많은 것들을 배우고 지키도록 강요된다.

---

2) 우리가 이 삶을 선택한 것인지 선택 받은 것인지에 대해서는 보는 관점에 따라 다를 수 있다. 윤회를 강조하는 형이상학적 입장에서는 지금의 삶이란 우리의 영혼이 선택한 것이라 보기도 한다.

이것은 결코 유쾌한 일이 아니다. 세상이 부여하는 대부분의 것들은 우리 각자에게 어울리고 알맞게 재단된 맞춤형이 아니기 때문이다. 그것들은 개인이 아닌 대중이 살아가는 방식이자 보편적인 규율이고 체계이다. 그것들은 현재를 사는 나의 개성과 본성, 더 중요하게는 나만의 독특한 삶을 온전히 담아낼 수 없다. 그러나 사회가 부여하는 대중적인 방식에 더 적합한 성격이나 재능을 가지고 살아가는 이는 성공한 자 또는 존경 받는 자로 불리지만, 덜 적합한 이는 부적응자 또는 문제 있는 자로 불리는 것이 현실이다.

결혼은 이 사회와 시대가 정해 놓은 삶의 방식이다. 누구나 성인이 되면 결혼해야만 하는 것으로 믿는다. 아무도 이 믿음에 토를 달 수 없다. 교육, 직장 등 사회가 정한 다른 보편적 삶의 방식들보다도 특히 결혼이 더 강력하게 우리를 구속할 수 있는 이유는 결혼은 종족 유지와 관계된 것이고, 종족 유지는 번식이라는 인간의 본래적 소명 및 원초적 본능과 연결되어 있다는 보편적 생각 때문이다. 따라서 한 인간으로서 이러한 사회와 시대의 기대에 부합하지 못하며 살고 있는 이들, 즉 나이가 찬 미혼자들을 바라보는 대중과 주변의 눈초리는 그리 곱지 못하다.

실제로 많은 미혼자들이 자신의 결혼 유보 결정을 부끄럽게 여기고 가족이나 주변인들에게 미안함과 죄책감을 가지기도 한다. '내 자식정도면'은 하며 자녀에게 기대치가 높던 부모들은 시간이 과하게 지나도록 짝을 찾지 못하는 자녀들을 보며 점점 그 기대치를 낮추고 더 늦기 전에 결혼이라도 시켜야 한다는 생각에 사로잡힌다. 이러한 생각이 앞서게 되면 자신들 앞에 있는 한 인간으로서의 자녀의 모습은 보지 못하고 그저 결혼해야 한다는 의무와 가능성만을 보기 쉽다. 부모들은 이제 다음과 같이 이야기한다. "많이 바라는 것이 아니야. 사는 거 별거 없단다. 그저 남들처럼 평범하게 살면 되는 거란다." 그런데, 이 이야기는 과연 미혼자들에게 위로가 되고 고통을 덜어주는가? 그 반대일 것이다. 이제 그들은 평범한 삶 조차 살지 못하는 사람이 되어버렸다. 이렇게 무능한 자식이 되어 민폐를 끼친다는 생각이 들면 부모님에게 더욱 미안해지게 된다.

미혼자들에게 주어지는 또 다른 큰 부담은 그들은 대의를 위해, 세상을 위해 희생하는 정신이 없다는 것이다. 자신만을 생각하는 삶을 살아서는 안되며 비록 자기 삶의 일부를 포기하더라도 부모와 주변의 걱정을 덜어주고 국가와 민족, 더 나아가 인류를 위해 새로운 생명을 낳아 세대를 잇게 해줄 의무가 있지 않느냐는 질문에 자유롭지 못하다. 이러한 성스러운 일을 위해 한편으로는 나를 강조하지 않고 희생정신을 발휘해야 하는 것이 인간으로서의 도리이고 사명이라는 무언의 메시지를 느끼게 된다. 이제 미혼자는 인간으로서 중요한 사명을 위해 또 주변, 국가, 인류를 위해 희생할 줄 모르는 이기적인 인간이 되어버린다. 이렇게 자신이 부끄러워지고 타인에게 미안함과 죄책감을 느끼게 되며 자기 존재에 대한 확신이 무너지면, 삶은 더 이상 안정적이지도 행복하지도 않다. 그러한 삶에는 시련이 주어진다. 그러한 부분을 극복하라고…. 그래서 흔들리지 않는 자기 삶을 되찾으라고….

  기혼자들이 바라보는 30~40대 미혼여성 이미지 조사에서 기혼자들은 미혼 여성들의 성격 전체를 그들이 결혼하지 못한 경험과 큰 연관이 있을 것으로 판단하고 있으며, 특히 그녀들의 성격들 중 많은 부분이 그녀들이 결혼하지 못한 이유와 결부되어 있을 것이라고 인식하고 있다는 조사 결과가 있다.[x] 대학생들이 바라보는 미혼 여성에 대한 편견도 다르지 않은데 이들이 미혼 여성에 대해 가지는 고정관념들에는 부정적인 고정관념이 긍정적인 고정관념보다 더 많은 것으로 조사되었고, 특히 그 중 가장 많이 꼽힌 고정관념으로는 '외로움'과 '신경질적임'이었다.[xi] 이런 경향은 비단 대한민국에만 국한되지 않는다. 2004년 일본 유행어 톱 10에 선정된 '마케이누'란 단어를 직역하면 '싸움에서 진 개(負け犬)'란 뜻으로, 30대 이상의 결혼하지 않고 아이도 없는 여자를 뜻한다.[3][xii] 또한 2007년 중국 교육부에서 신조어로 공식 지정한 '성뉘(剩女)'는 '결혼시장에서 배우자를 찾지 못하고 남아 있는 잉여 여성'이란 뜻이다. 이렇듯, 미혼자들을 바라보는 사회적 인식은 대체로 과장되어 있으며 편견적인 경향이 있어 왔음을 부인하기 힘들다.

---

3) '마케이누'는 일본의 칼럼니스트 사카이 준코가 쓴 '패배한 개의 아득한 울부짖음'이라는 책에서 유래되었다.

💬 시련의 본질

　　　　이러한 것들이 시련이 되는 이유는 타인의 평가와 시선이다. 타인의 시선이 부담스러워지고 필요이상으로 마음 쓰는 것은 미혼자들이 겪는 대표적인 일이다. 허나, 타인에 대한 시선에 마음 쓰는 일은 인간으로서 완전히 거부할 수는 없는 일이다. 아리스토텔레스가 인간을 '사회적 동물'이라 하였듯 우리는 타인과 관계 맺으며 살아가야 하는 존재이다. 우리는 자신과 관계하는 타인에게 나름대로 마음 쓰며 살고 있다. 타인들과 대화를 해야 하고 그들의 감정과 반응은 우리의 삶을 이루는 매우 중요한 부분이다.

　문제는 자신에 대한 타인과 주변의 반응의 시선이 심히 부정적이고 불편하다고 느끼게 되었다는 점이다. 본질적으로 관계의 존재인 인간은 자신이 사랑 또는 인정 받지 못하고 있다거나 버림 받고 있다고 생각할 때, 큰 두려움과 고통을 느낀다. 정신의학자이자 정신분석학자였던 아들러는 우리가 경험하는 문제 대부분은 자신이 가치를 두는 사람들에게 자신이 수용되지 못한다는 두려움과 관련된다고 보았다. 설사 실제는 그러하지 않더라도 나를 향한 타인의 시선을 나 스스로 부정적이라 느끼고 또 그렇게 주변과 세상을 보는 관점이 형성되는 것도 고통스러운 일이다. 일정한 나이가 지나도 결혼을 하지 않고 있는 이들은 이렇게 자신의 의지와는 상관없이 자신들에 대한 주변 및 사회의 시선과 분위기로 말미암아 내면의 어려움을 겪는다는 것을 부정할 수 없다. 또한 자신감이 떨어지고 새로운 사람을 만나는 일이 부담으로 다가오게 되기도 한다.

이렇게 내가 원하는 내 자신의 모습과 타인이 나를 바라보고 평가하는 내 모습 사이에 큰 괴리가 생기며, 나의 내면에서 문제가 발생한다. 그 문제는 바로 분리 의식이다. 나와 타인을 더 분리하여 생각하면서 나는 점점 더 타인을 인식하게 되고, 내 내면에 내가 설 자리가 작아진다. 철학자 사르트르는 이러한 인간의 내면을 잘 설명한다. 그에 따르면, 타인을 인식한다는 자체가 나를 중심으로 한 세계가 무너지고 그 중심이 타인에게로 옮겨가는 것이다. 따라서 나는 누군가에게 바라보이는 존재이고 나를 바라보는 그 타인에게로 내 세계가 빨려 들어가며, 내 중심의 세계가 무너지고 이제 시선의 주체인 타인이 중심이 되는 새로운 세계가 내 안에 형성된다. 더 이상 나는 내 세계에서 중심도 아니고 주인공도 아닌, 그저 타인에게 거리를 부여 받는 객체가 된다. 한마디로 나는 내 삶의 주인공이나 주체가 아니게 되며 여기서는 나와 내 자신, 나와 타인, 나와 세계 사이에 크나큰 분리가 존재한다. 이 분리의식이 우리 마음이 가지는 많은 문제들의 핵심이다.

나와 타인, 나의 내부와 외부라는 경계가 명확해지며 철저히 분리하게 되면 많은 부조화가 일어난다. 나의 마음이 평화롭고 조화로울 때에는 나와 타인 사이의 명확한 분리의식이나 경계가 존재하지 않는다. 평화롭고 편안한 마음을 가진 사람일수록 통합된 마음상태에서 타인의 마음을 이해하고 공감할 수 있으며 타인의 요청에 응답할 수 있다. 하지만 나와 타인이 더 분리될수록 나란 자아는 강해지고 비대해지며, 마침내 내면의 균형이 깨어져 버린다. 이것 저것 따지고 계산하며 나의 것을 주장하게 된다. 타인은 왜 그렇게 생각하고 행동하는지 먼저 고려해보기 전에 그들의 생각과 행동을 나의 생각과 동일한 것으로 흡수해 버린다. 그럴수록 나와 타인 그리고 세상 모든 것이 그저 존재한다는 사실 만으로도 기쁘고 즐거운 일임을 망각하게 된다. 또한 누군가가 나를 위해 해주고 있는 것들에 대해서도 무감각해지면서 점점 나만이 피해자라 생각하게 된다. 자존감이나 자신감이 사라지고 결국 우울감이나 소외감 또는 상실감의 늪으로 빠져든다. 자신이 하는 모든 일은 더 안 풀리고 꼬이는 악순환이 일어나는 것이다.

한번 상기해 보자. 무슨 일을 하던지 좋은 성과를 내거나 이루어 낼 때 당신은 그 일과 당신을 분리시켜 인식하였던가? 그 일과 자신이 서로 구분되지 않고 하나처럼 몰입되어 집중하다 보니 자연스럽게 성과를 내고 목표했던 것 이상으로 이룰 수 있었을 것이다. 누군가와 행복한 시간을 보냈을 때 당신은 그 상대와 자신을 각각 분리되어 있는 별개의 존재로 인식하며 시간을 보냈는가, 아니면 둘이 하나되듯 구분 없이 시간을 보냈는가? 당신은 어느 때 괴로운가? 내가 타인에게 무시당하고 존중 받지 못할 때 아닌가?

나와 타인 혹은 외부의 모든 것을 명확히 분리하고 구분하는 문제는 서양철학사 전체에 걸쳐 근본적으로 고민했던 문제이며, 어쩌면 서양철학사는 이 분리를 올바로 극복하기 위한 역사였다고도 볼 수 있다. 고대 시대에는 나와 타인, 인간과 자연, 인간과 신 등 두 개념들이 서로 명확히 분리되거나 대립되지 않았다. 당시, 개인이란 자연, 종족, 도시, 국가, 가족 등 자신을 둘러싼 공동체나 테두리, 환경 안에서 분리되지 않고 함께 인식되는 개념이었다. 다시 말해 나란 개인 한 사람을 완전한 개별실체로 인식하기 보다는, 전체적이며 포괄적인 범위 내에서 함께 인식하였다. 나와 나의 외부를 완벽히 구분하는 단어 '자아(ego)'란 개념이 등장한 것도 고대를 훨씬 지난 18세기이다.[xiii]

또한 고대 철학자들은 인간에게는 신의 속성이 분유되어 있었다고 생각했다. 즉, 인간은 신의 속성이 내재되어 있는 존재였기에 신과 인간이 오늘날처럼 서로 급격한 수직적 관계로 구분되지 않았다. 자연도 마찬가지다. 자연을 포함한 만물에도 인간처럼 생명의 원리가 깃들어 있다고 보았으므로, 자연을 함부로 대할 수 없었다. 그 당시의 자연 개념은 오늘날처럼 인간과는 별개로 존재하는 산이나 강, 바다 같은 존재가 아니라 모든 존재하는 것들을 존재하게 해주는 본질이었다. 그래서 인간도 역시 다른 존재들처럼 자연의 존재방식 내에서 파악되었다. 이러한 사고방식은 오늘날 자연을 뜻하는 영어 단어 'nature'에 여전히 '본성', '본질'이란 뜻도 함께 있다는 점에서 그 흔적을 찾아볼 수 있다.

하지만 중세 시대에는 인간과 신이 서로 멀어지게 되었다. 신은 인간이 감히 만날 수 없는 매우 높고 전혀 다른 세계에 있는 먼 존재로 분리되었다. 그렇게 신은 나와 직접적 관계가 없는 그저 절대적이기 만한 다른 차원의 존재가 되었다. 더욱 시간이 흘러 과학이 발전하고 종교개혁이 일어났던 근대가 열리면서 데카르트, 칸트와 같은 많은 근대 철학자들의 공로로 인간과 자연, 주관과 객관, 정신과 신체 등이 서로 명확히 분리되기 시작했다. 따라서 점점 타인보다는 내가, 자연보다는 인간이 상대적인 우위를 점하였고, 신체는 정신과는 무관한 몸뚱이가 되었다. 이제 세상은 나만의 시각으로 인해 파악되며 타인에 앞서 있고 타인을 임의로 평가하는 내가 먼저 존재한다. 더불어 자연은 생명의 원리가 부재한, 그저 대상이 되며 인간의 편이성과 안락함을 위해 존재하는 것으로 전락하였다.

프랑스 철학자 르네 데카르트는 정신과 신체를 나누게 되는 서양철학사의 근대 흐름에 가장 큰 영향을 미친 철학자이다. 그의 명언 '나는 생각한다. 고로 존재한다.'는 결국 생각하는 정신의 우위를 상정함으로써 심신분리의 기초를 낳았다.

이렇게 서로를 명확히 분리하면서 나와 인간을 우위에 놓으면 많은 것이 당장 편해진다. 우선 내 것, 혹은 인간만 신경 쓰면 된다. 인간과 명확히 구분된 자연은 인간의 편의에 따라 임의대로 처분되고 훼손되어도 문제되지 않는다. 자연의 보존보다는 인간을 위한 개발과 실험이 더 쉽고 용이해진다. 정신이 떠나버린 신체는 개별적인 조직의 총합이 되어 인체를 전체적인 조화의 측면에서 접근하지 않고 각각의 조직의 정상적 기능만을 신경 쓰게 된다. 그러나 이러한 신체의 개별적 접근의 문제점은 당장 통증이 느껴지는 부위만 문제가 있는 것이 아니라 그 부위가 다른 부위와 유기적 관계가 있고, 이러한 관계 또한 문제가 될 수 있다는 통합적인 접근에 소홀해진다는 사실에 있다. 오늘날 문제의 부분을 치료하기 위한 약과 진료는 그 증상 혹은 해당 신체 부분은 호전시킬 수 있으나 다른 부분에 적지 않은 부작용을 만들어내기도 한다.

물론 이러한 분리를 통해 기술과 과학 및 의학은 크게 발전할 수 있었다. 덕분에 우리 사회는 철저히 나와 타인, 인간과 자연, 정신과 신체, 인간과 신을 분리하면서 많은 문명의 혜택을 누리며 산다. 그러나 역설적으로 우리는 다음과 같은 질문에 직면하게 되었다. '문명의 발달로 인해 가져다 준 편이성은 증가했지만, 그만큼 우리의 정신적 행복도 같이 증가했는가?', '오히려 정신적 고통과 불안정을 더 많이 경험하고, 또 개인의 행복지수는 더 감소하지 않았을까?' 현대 철학의 가장 큰 과제는 이렇게 철저히 분리된 두 대립개념들을 다시 통합하는 것이다.

이러한 분리에서 통합으로의 길을 놓기 위해 현상학[4], 실존철학[5], 해석학[6], 사회비판이론[7] 등 여러 철학 분야가 등장하였으며 더불어 고대철학과 형이상학은 새롭게 조명 받는다.

이러한 서양철학사의 흐름을 보면 마치 우리의 인생이 흘러가는 것과 다를 바 없어 보인다. 아기는 나와 세상, 혹은 나와 타인을 구분하지 못한다. 경계가 없는 순진하고 통합된 상태이다. 그러나 점점 나이가 들면서 대상을 인식하고 세상을 배우며 나와 타인 그리고 세상을 명확히 구분한다. '나'란 정체성이 생기고 자아가 점점 강해진다. 그와 더불어 삶의 시련도 함께 시작된다. 하지만 이런 저런 시련을 겪고 난 후 인생의 황혼에 접어들었을 때 인간은 다시 통합적으로 세상을 보기 시작한다. 나와 그 외의 것에 대한 명확한 구분이 부질없음을 깨닫고, 더 많은 이해심을 가지게 되면서 나란 존재에 대한 명확한 경계가 느슨해진다. 마치 과도기를 거치며 분리된 개념들을 다시 이해하고 통합하려는 현대철학의 시도가 그렇듯 분리를 경험하고 나를 내세우는 개인 역시 다시 통합된 자기 자신으로 돌아오는 것이 마땅하고 자연스럽

---

4) 본질 그 자체를 대상으로 하는 것이 아닌 그 본질에 대한 우리 의식에 나타나는 현상들에 대해 연구하는 학문

5) 내면의 주체적 존재인 실존이야말로 인간의 진정한 존재를 이루는 것으로, 근대화를 통해 객관적이고 합리적 체계 속에 갇힌 인간의 한계를 넘어서고자 하는 학문

6) 현대적 의미에서의 해석학은 인간 존재와 경험을 어떤 고정된 방법이나 틀에 맞추어 이해하기 보다는 개인이 어떻게 해석하느냐의 문제로 간주하며 개인의 독자적인 체험과 해석에 중요성을 두는 학문

7) 독일 프랑크푸르트학파에서 전개한 이론으로 근대화로 인해 거대한 기계가 되어버린 사회와 효율 및 기능을 중시하는 인간 이성의 왜곡을 바로잡고자 하는 비판 이론

다. 이것이 우리가 인생에서 추구하고 경험해야 할 일이다.

💛 미혼, 삶의 소중한 과정

　　뚜렷한 내 경계를 허물면 세상이 달리 보이게 되고 타인과 주변, 그리고 사회를 대하는 자세가 달라진다. 그러면서 점점 걱정과 근심도 줄어든다. 문제는 어떻게 경계를 허물 수 있는가이다. 역설적이게도 우리는 매우 뚜렷이 경계 짓는 분리의 최고점까지 가보았을 때 비로소 그 경계를 허물며 내 본연의 모습을 찾게 된다. 그럼으로써 더 비워야 할 필요성을 느끼고 더 내려놓으려 노력하게 된다. 철학자 헤겔은 모든 것은 구분이자 분리라고 할 수 있는 소외의 과정을 거쳐야만 자신의 올바른 모습으로 결국 되돌아 온다고 주장했다. 그는 어떤 조건에서건 분리와 소외를 경험해보는 것은 최종 목적 혹은 완성으로 가기 위해 반드시 거쳐야 하는 긍정적인 과정이라고 보았다.

　앞서 밝혔듯 인류의 역사는 근대를 맞이하며 점점 계층을 나누고 경계를 지으며 분리를 경험하게 되었다. 이 분리가 점점 심해지며 인류는 많은 문제점에 노출되고 소외와 시련에 직면해왔다. 하지만 분리가 심해진 바로 이 시기에서 분리를 통합하려는 움직임들도 시작되었다. 예를 들어 포스트모더니즘[8], 문화상대주의[9], 구조주의[10], 철학실천운동[11]등 이러한 움직임들은 분리를 뛰어넘으려는 시도들이며, 우리 시대에 과도한 분리를 해소하는 자양분이 된다. 우리 삶도 마찬가지이다. 분리의 최고점, 즉 자의식이 매우 뚜렷한 상태가 되어 보아야 비로소 나 자신이라는 참모습을 이해할 수 있는 토대가 형성되며, 이 상태를 극복하는 방법을 찾으려 노력하게 된다. 물론 그런 과정에는 시련도 있고 고통이 있음은 당연한 일이다. 우리 역사도 분리의 시대를 겪으며 인종차별, 식민지화, 세계대전, 전체주의 등 다양한 문제와 시련을 겪지 않았는가?

결혼을 생각하게 되는 미혼자들은 자의식이 뚜렷해지는 하나의 극점에 있다. 배우자라는 타인을 선택해야 하므로, 그만큼 나와 타인을 뚜렷이 구분하고 계산적으로 따져보기도 한다. 또한 미혼자에게 던지는 타인의 시선과 주변의 압박을 경험해야 하며, 때론 혼자 있는 미래, 즉 외로움과 고독을 떠올려야 한다. 이렇

8) 근대주의, 즉 모더니즘을 극복하고자 20세기 중반에 일어난 사상이자 운동. 과도한 객관주의, 과학주의, 실용주의, 실증주의가 지배한 모더니즘 시대의 인간소외현상, 억압 등 각종 문제점을 겪으며 이에 반성하고자 등장하였으며 이러한 사상은 문화, 사회, 경제 등 다양한 영역에 영향을 끼치게 되었다.

9) 인류가 사는 사회는 각 사회마다 특수한 문화를 가지고 있으며 이 문화적 다양성을 존중해주어야 한다는 견해

10) 한 사물이나 존재에 대한 이해는 개별적이고 단편적으로 이해될 수 없고 그가 속한 전체 체계와 구조 안에서 다른 사물이나 존재들과의 관계를 살펴보며 의미와 가치를 이해해야 한다는 견해. 이 구조주의는 언어학, 인류학, 정신분석학, 사회학, 미학 등 폭넓은 분야에 접목되고 있다.

11) 철학이 매우 이론적이고 사변적인 강단철학이 아닌 인류의 실제 삶에 직접적으로 적용되고 삶의 지혜를 줄 수 있는 방향으로 나가고자 하는 운동. 이러한 철학실천운동에는 철학상담, 철학까페, 철학교육 등이 있다.

게 자의적이든 타의적이든 나와 타인, 현재와 미래 등에 대해 이분법적으로 구분하고, 이 분리의식은 자신을 더 세차게 괴롭힌다. 그 동안 자신이 믿어온, 또 당연하다고 생각해온 많은 가치와 관념들이 뒤엉켜 무엇이 사실인지, 나는 누구인지 혼란스럽게 된다.

이러한 위기와 시련이 바로 미혼자들이 오늘날의 시대에 부여받은 선물이자 소명이다. 더 이상 물러설 곳도 회피할 수도 없는 이 막다른 상황에서, 비로소 그들은 이 시대의 문제를 극복할 길을 찾으며 진정한 내 모습으로 다가가기 위해 스스로 질문을 하고 사유할 기회를 갖는다. 철학자이자 정신의학자였던 야스퍼스는 눈 앞에 보이는 이해타산에 매달리며 일상적인 삶을 살던 인간이 어느 순간 어떤 준비도 할 수 없고 어떤 노력으로도 막을 수 없이 찾아오는 시련 앞에서 한계상황을 체험하면서 난파된다고 한다. 이러한 난파된 현실에 직면해서야 비로소 기존에 절대적이라 믿어왔던 모든 것들이 깨지면서 자신의 인생을 어떻게 살 것인지 결정할 수 있는 중요한 기회를 얻게 된다. 그 현실 속에서 인간은 좌절하고 도피하는 길을 선택할 수도 있지만, 반대로 고정관념에서 벗어나 자신의 존재를 자유롭게 바라보며 실존적인 삶을 꾸리는 선택을 할 수도 있게 된다. 많은 세상사람들이 자신이 진정 누구인지, 왜 주체적인 삶을 살아야 하는지 스스로에게 물을 기회도 갖지 못하고 대중이 원하는 방식, 세상이 정해놓은 방식에 크게 벗어나지 않고 그냥 살다 가는 것이 오늘의 시대상황이다.

 우리는 개인이 최고로 분화된 시대에 산다. 근대의 유산을 물려받은 오늘의 시대는 자본, 기술, 과학, 미디어 등이 발전하면서 분리의식을 더욱 키우는 환경을 조성한다. 그만큼 현대인의 정신적 삶은 여유가 없어지고 피폐해졌다. 서로간에 많은 갈등이 생기고 타인을 수단화하며 타인으로부터 따뜻한 정을 느끼기 쉽지 않다. 소외감이나 고립감을 경험하는 일은 늘 있는 일이며 그러한 경험과 감정들이 모여 경직된 사회를 만들고 우울감, 만성적 불안함, 분열 등의 정신적 문제를 야기시킨다. 이러한 사회와 시대를 치유하고 개선할 수 있는 본질적인 길은 개개인이 사유하고 분리의식을 넘어 자기 자신을 찾으려 하며 통합된 삶을 살고자 노력하는 길 뿐이다.

『골콩드』, 르네 마그리트 작(1953)
중절모의 검은 레인코트를 입은 동일한 모습의 신사가 떼를 지어 허공에 서 있는 모습을 묘사한 이 작품을 보면 현대사회의 인간은 기계와 같은 조직 속에서 생명을 빼앗기고 개성을 박탈당한 하나의 정물이 되어버린 것이 아닌지 생각하게 된다. 현대인의 이러한 불안한 현실을 허공에 떠 있는 신사의 모습에서 느낄 수 있다.

분리의 시련이 더 주어진 미혼자들은 이 시대와 사회의 문제를 해결할 적임자이다. 그들은 자신에게 집중할 수 있는 시간을 가장 많이 가진 성인들이다. 혼자의 시간을 가장 많이 가질 수 있다는 뜻은 외로움을 느낄 수도 있지만, 그만큼 사유를 하며 내면의 성숙을 도모할 수 있는 기회가 주어졌다는 뜻이기도 하다. 사유는 시간과 여유를 필요로 한다. 현실적으로 나에게 주어지는 질문들에 대해 사유하고 답할 시간적 여유가 있어야 한다. 또한 오늘의 미혼자들은 자기관리에 가장 많은 신경을 쓰는 계층이며 교양을 쌓기 위해 많은 투자를 하는 계층이다. 공연이나 예술을 즐기고 자기계발이나 취미에 많은 시간을 보낸다. 이들은 이제 이러한 노력과 더불어 사유하는 계층이 되어야 한다.

사유는 미혼의 길목에 서 있는 이들에게는 답해야 할 많은 질문들을 던진다. '아직도 미혼이라는 사실은 단순히 결혼을 안 했다는 사실을 넘어, 나 자신과 삶에 대해 이해해야 할 더 많은 것들을 있음은 아닐까', '대중들, 타인들, 심지어 내 주변의 편견과 압박 속에서도 흔들리지 않고 나 자신을 이해하고 신뢰하며 보존할 수 있는가?', '내 삶이 결혼 유무에 따라 행복과 불행으로 갈린다면 이는 제대로 된 삶인가?' '진정한 행복은 내가 어떤 상황에 있느냐가 아니라 어떤 상황 속에든 어떻게 느끼고 의미를 부여하며 사는가에 달려 있지 않은가?'

💬 시련의 참된 의미

　　　　　우리는 매우 심오한 통찰을 담은 다음의 짧은 문구를 알고 있다.

'위기는 기회다!'

시련은 가르침을 주고 성장하도록 돕는다. 이 시련을 어떻게 받아들이느냐에 따라 위기가 될 수도 있고 기회가 될 수도 있다. 위기는 모든 것을 나 자신이 통제할 수 있다고 생각하는 데서 시작된다. 결혼도 인연도 배우자도 모두 내가 통제 가능한 일이거나 통제 가능했던 상황이었다고 생각하면 많은 것이 힘들어진다. 모든 것이 나 자신에 의해 통제가능 하다는 믿음은 통제가 안 되는 경우에 직면했을 때 불안과 걱정으로 모습을 바꾼다. 따라서 미혼이라는 시련에 마주해 이를 받아들이는 우리의 자세는 더 열려야 하고 유연해야 한다.

삶은 파도와 같다. 늘 오르고 내리는 변화 속에 있다. 우리는 삶의 오름을 성공, 행복, 기쁨, 승리로 생각하고 내림은 실패, 불행, 고통, 패배로 받아들인다. 그래서 누구나 오름의 흐름 속에 있고 싶어 한다. 하지만 오름도 내림도 모두 삶의 일부이다. 각자 그 나름의 의미가 있다. 올라가면 내려와야 하고 내려오면 다시 올라가게 된다.

잘 내려간다는 것은 잘 올라가는 것보다 더 중요하다. 올라갈 때보다 내려갈 때 우리는 더 많은 것을 보고 배울 수 있기 때문이다. 삶이 행복하고 성공적일 때에는 현재 주어진 것 이외의 것들을 보려 하지 않고 생각하려 하지도 않으며 질문하려 하지 않는다. 현재의 상황이 만족스럽기 때문이다. 내게 필요한 것들이 제공되고 있으며 지금의 순간을 당연하게 받아들이고 앞으로도 그러할 것이라는 기대 속에 있게 한다. 그래서 철학자 키에르케고르는 승리란 스스로 자신을 소외시킴으로써 얻게 되는 인간의 가장 커다란 적이라고 하였다.[xiv]

반면, 내려오는 것은 부정적이고 피할 수만 있다면 피하고 싶은 것이다. 내려온다는 것, 즉 시련은 현재의 삶이 만족스럽지 않을 때 찾아오고 그 속에서 늘 우리에게 문제를 던져준다. 무엇인가 삶이 제대로 되지 않고 있음을 느끼고 불안하고 답답할 때 우리는 스스로 질문하고 생각하려 한다. 존재의 불안정함과 세상의 부조리를 느낄 때 우리는 비로소 자기 모습을 바라보려 하고 자신의 삶에 대해 생각한다. 그래서 올라갈 때 보이지 않던 많은 것들이 내려올 때에는 보이게 된다. 고은 시인은 다음과 같이 노래했다.

내려갈 때 보았네
올라갈 때 못 본
그 꽃 [xv]

우리는 시련이 주는 문제를 이해하고 극복해 나갈 때 더 본질적이고 깊이 있는 삶의 토대를 쌓게 된다. 시련이 닥쳤을 때 그것이 주는 문제에 마주해서 괴로워하지만, 또한 그에 대해 끊임없이 생각하고 반성하며 그 의미를 찾으려 하기 때문이다. 의미를 찾는 과정과 그렇게 찾아진 의미는 우리를 성장시키고 삶에 대해 더 넓은 시야를 제공한다. 시련에 직면해서 자기 자신을 이해하고 자유를 느낄 수 있을 때에만 진정 자기 삶을 창조하는 능력도 생긴다. 시련은 나를 일깨우는 작업이며 삶을 아름답게 만드는 원동력이다. 시련이 크면 클수록 우리의 삶은 더 풍성해지고 성숙한다. 또한 시련을 통해서만 나란 존재에 홀로 직면하려는 의지가 자란다.

시련이 힘든 가장 큰 이유는 철저히 개인적이고 내면적이기 때문이다. 누군가 같이 느껴주고 이해해줄 수 없다. 물론 그 시련의 고통을 완화하고자 적극적으로 이를 남에게 알리고 호소할 수 있다. 또한 타인이 나의 시련을 같이 공감해주고자 노력해줄 수 있다. 하지만 시련은 어떤 외부의 사건이 아니다. 시련은 사적인 것이다. 다시 말해, 사랑하는 이와 헤어진다던가 시험에 떨어진다던가 사업에 실패했다는 그 자체의 사건이 아니다. 그런 사건 자체가 시련이라면 그저 남들에게 알리고 공유함으로써 최소한 개인적이지 않고 내면적이지 않게 될 수 있기에, 고통스럽다거나 불행하다는 생각이 크게 줄어들 수 있다. 그러나 시련의 본질은 그렇게 겉으로 드러나는 것이 아니다. 사랑이든 시험이든 사업이든 무엇인가에 실패했다는 그 사실 자체보다는 그 사건으로 인해 나만이 느끼고 경험하게 되는 특별한 감정이나 생각이 시련이다. 그 사건이 내게 가지는 의미만이 문제가 되는 것으로 이는 철저히 사적이다. 그런 사건이 나에게 주는 의미와 이로 인한 고통은 자신만이 느끼고 알 수 있는 유일한 것이다. 그래서 누구도 나의 시련을 대신 해줄 수 없다는 데에 시련의 본질이 있다.

　안타깝게도 우리는 살면서 종종 시련의 본질을 망각하게 된다. 시련을 통해 배우고 성장한다는 점과 시련은 온전히 나 자신만의 것이라는 중요한 사실을 외면한 채, 시련으로부터 도피하려 하거나 시련을 다른 것으로 대체하려 한다. 이렇게 시련을 거부하려는 노력은 우리의 삶을 왜곡시키고 자신을 자기 삶으로부터 소외시키는 아이러니를 가져다 준다. 시련을 회피하여 성장의 단계에서 성장하지 못하고, 삶에 대해 보다 전체적이고 통합적인 의미를 부여하지 못한 채 점점 나이를 먹고 사회에 나가 자신의 역할을 수행하게 되면, 주체할 수 없는 혼란과 불안감에 마주하게 된다. 이는 때론 만성적인 걱정이나 두려움, 우울감 등으로 모습을 바꿔 나타나도 하고, 쉽게 자기 자신을 탓하거나 남을 탓하고 비난하게 하기도 한다. 때론 이 혼란과 시련에서 벗어나고자 어떠한 대상이나 행위에 집착하거나 중독의 유혹에 빠지기도 한다. '센스 8'이라는 미국 드라마에는 다음과 같은 대사가 나온다. "아이슬란드에는 이런 말이 있어요. '마약이 마약중독을 부르는 것이 아니라 현실을 도피하려는 것이 마약중독을 부른다.'"

나 자신이 내 삶에서 소외되면서 삶의 조화가 훼손되며 자기 자신 뿐만 아니라 주변의 타인들도 힘들게 한다. 예를 들어, 가슴에 구멍이 난 듯한 소외감을 메우기 위해 타인을 맹목적으로 요구하게 되기도 한다. 타인들에게 공격성을 보이고 맹목적 희생을 강요하던가, 아니면 그들에게 맹목적으로 복종하고 예속되려 하기도 한다. 이렇게 타인과의 관계가 왜곡되기 마련이다. 타인에 대한 진심 어린 존중과 배려를 생각하기 어려워진다. 우리의 삶에 내재된 공통된 감정이나 감각, 매너 등에 대한 인식이 부족해지고 그만큼 타인과 인간적이고 진실된 관계보다는 표면적 관계를 맺게 된다.

우리는 이러한 사실을 이미 주변에서 또는 뉴스를 통해 접해왔다. 경제적으로나 사회적으로 많은 것을 누리는 여건 속에 있는 이들이 보여주는 삶의 단편이나 행위로부터 우리는 많은 비상식을 느낀다. 살면서 자신에게 닥친 시련을 적절한 때에 직접 마주하지 않고 자신이 가진 외부 자원이나 풍족함으로 대체하거나, 자신을 돕는 많은 이들에게 그 시련을 전가하려 하는 이들이 보여주는 비상식과 인간으로서의 무감각을 때때로 목도하며 우리는 놀라고 충격을 느낀다. 시련을 마주함 없이 닫힌 삶을 이들에게서 물질적인 혜택은 기대할 수 있어도 보다 인간으로서의 본질적인 매력이나 존경심을 기대할 수는 없다.

외과의사이자 선교사였던 폴 브랜드는 인도와 미국에서 선교

활동과 의사활동을 병행하며 나병환자[12]를 진료하였다. 당시 나병은 질병 자체가 심각한 외관 손상을 직접 일으키는 원인으로 여겨졌다. 하지만 그는 나병환자를 오랜 기간 관찰 및 진료하면서 나병은 단지 고통을 느끼지 못하게 하는 병으로 환자들이 입는 외적 손상은 고통을 느끼지 못하는 데에서 기인함을 알아냈다. 고통에 대한 무감각이 환자들로 하여금 건강의 위험성을 자신에게 경고하지 못하게 함으로써 자기 신체에 심각한 악영향을 주는 것이다. 브랜드는『고통의 의미』라는 책을 저술하면서 고통을 느끼는 것은 신의 선물이며 매우 중요한 일임을 강조한다. 어떠한 시련이든지 그 시련을 마주하고 감내할 수 있는 용기를 가졌다면 이는 크나큰 축복이자 은총이다. 이는 삶을 진지하고 겸손히 받아들일 때 가능한 일이다.

계속 떨어지기만 하는 낭떠러지는 없다. 혹 미혼이라는 현실로 괴롭고 이러한 괴로움이 평생을 갈 것이라 생각한다면 오산이다. 당장은 시련의 끝이 보이지 않고 헤쳐나갈 방도 또한 알지 못한다 하더라도, 분명 파도와 같은 우리의 삶은 언제가 되었던 그 끝을 우리에게 선사한다. 이것은 진리이다. 고통스럽다면 묵묵히 그 고통을 받아들이되, 그 끝은 반드시 오리라는 믿음을 저버리지 말라. 시련 없는 성공적이기만 한 삶은 타인의 관심을 받고 이름을 높이며 물질의 풍요로움을 누릴 수는 있다. 그러나 그 삶

---

12) 나병을 앓는 환자는 심각한 신체기관의 손상을 입게 되는데 코, 귀, 손가락, 발가락 등을 잃거나 심할 경우 손과 발 전체를 잃기도 한다.

은 과연 거룩했는가? 성공과 명예는 목적이 아니라 삶의 과정에서 오는 시련들을 극복하고 자기 삶을 되찾는 과정에서 주어지는 부수적인 결과물들이다. 당신의 삶이 이미 시련이 부재하는 흠 없는 성공적 삶이 될 기회는 잃어버렸을지 몰라도, 삶의 본질적인 목적은 아직 잃어버린 것이 아니다. 삶이 아름다운 이유는 시련이 존재하기 때문이다. 시련을 극복한 삶 만이 어둠 속의 한 줄기 빛처럼 감동을 주고, 감동은 세상을 변화시킨다. 그러한 삶은 타인의 시선과 인정을 갈구하는 삶이 아닌 내 스스로가 인정하고 내 스스로 깨닫는 삶이다. 그렇게 삶은 시련 속에서 스스로 빛나게 된다. 빛은 어둠이 있어 어둠에 물드는 것이 아니다. 그 어둠이 있기에 비로소 더 빛나는 것이다.

2장

사유하는 미혼

우리는 과거 어느 때보다 많은 정보와 지식을 접하고 있다. 그만큼 우리는 과거 어느 시대보다 가장 많은 지식과 사실을 알고 있다. 또한 과거에는 선택 받은 소수만이 교육을 받을 수 있었다면, 오늘날에는 다수가 최소한 이상의 교육 기회를 제공받는다. 그럼에도 불구하고 현대사회를 구성하는 시민들의 인격과 행동은 정말로 그러한 앎과 지식, 교육의 수준만큼 성숙되었다 할 수 있을까? 매일 도처에서 듣고 접하는 상상을 초월하는 인간성 상실의 뉴스와 소식들은 과거에도 과연 그러한 전례가 있었는지 궁금하게 만든다. 가끔은 오히려 역사상 가장 비인격적이고 비상식적인 모습의 시대에 살고 있는 것은 아닌지 생각하게 된다. 이러한 문제의식은 다음 질문으로 우리를 이끈다.

우리는 알고 배운 만큼 행동으로 옮기는가? 아는 대로 실천하고 있는가?

우리는 안다는 것과 행동하는 것 또는 실천하는 것은 별개의 것으로 생각한다. 그래서 흔히 이렇게 말한다. '누군 몰라서 못하나? 알아도 실천하는 것이 어려워 못하는 것이다.' 아무리 유익하고 바람직한 이야기를 듣거나 알게 되었다 하더라도, 현실에서 선택이나 결정을 할 때 어려움을 주거나 장애물이 되면 앎은 너무 비현실적 혹은 교과서적인 것으로 치부되어 버린다. 아는 것 따로 실천하는 것 따로이다. 정작 실천을 하려 할 때면 앎에 대한 망각이 일어나고 남는 것은 본능이나 감정에 충실해지거나 내 마음이 또는 양심이 진정 느끼는 것이 주위 시선이나 대중적인 의견에 맞추려 한다.

하지만 분명한 사실은 앎이 실천으로, 실천이 앎으로 서로 연결되지 못하는 한, 삶은 행복하기 어렵다는 것이다. 그럴수록 자신과 자기 내면 사이의 거리가 벌어져 삶은 일관되게 진행될 수 없다. 결혼은 이러한 앎과 실천의 부조화를 볼 수 있는 대표적인 문제이다. 앎을 실천으로 연결하지 못하는 미혼자들은 결혼 상대자를 찾는 과정에서, 결혼 하는 과정에서, 결혼 후 삶을 살아가는 과정 속에서 행복을 느끼기 힘들어진다. 우리는 사랑이 무엇인지 또 나에게 맞는 배우자가 누군지 안다고 하지만, 정작 결혼을 대하는 오늘의 모습은 정녕 아는 것이라 할 수 있는지 생각하게 된다.

🖤 앎이 실천이 되는 길

'왜 안다는 것이 실천으로 이어지지 않는가'라는 질문에 답을 하기에 앞서 물어야 할 것은 '진정 안다는 것은 무엇인가'이다. 소크라테스에 따르면 모든 악덕과 불행의 근원은 무지로부터 생겨난다. 그는 자신의 무지, 즉 모르기 때문에 자신에게 해가 되는 것과 유익이 되는 것을 구분하지 못하는 것이라며 무지함을 곧 악으로 여겼다. 우리가 일상에서 나쁜 행동을 하게 되는 것이나, 올바른 길을 알고도 행하지 않는 것이나 모두 무엇이 옳고 그른 것인지 제대로 모르는 데서 비롯된다. 따라서 행여 우리가 안다 하더라도 행동으로 옮기지 않았다면 이는 그만큼 아는 것이 부족한 것이고, 달리 이야기하면 그만큼 모르는 것이라 할 수 있다. 우리가 제대로 알고 있다면, 혹은 사안의 본질을 꿰뚫고 있다면 행동으로 옮기지 않을 수 없다. 즉, 소크라테스의 올바른 앎이란 실천까지 이어지는 지혜를 말한다. 행동과 실천이 수반되지 않는 앎은 제대로 된 앎이 아니다. 그것은 지혜가 아닌 단편의 지식일 뿐이다.

그러나 앎이 실천으로 되지 못하는 이유가 무지, 즉 모르기 때문이라는 소크라테스의 설명이 선뜻 받아들여지지 않는다. 우리는 정녕 알아도 행동으로 옮기지 않는 일이 얼마나 많은가? 다음의 흔한 예를 보더라도 그러하다.

'결혼에 있어 여성의 외모만 고려하는 것이 바람직하지 않다는 것을 잘 알지만, 막상 결혼 상대자로서 여성을 볼 때는 외모가 가장 먼저 보이고 끌리는데 이는 어떻게 설명할 수 있는가?'

오늘날 소크라테스가 살았다면 어떻게 답할까? 아마도 그는 이렇게 답할 것이다.

'그렇다면 당신은 그 사안, 즉 여성의 외모만을 고려한다는 것이 결혼을 결정하는 데 얼마나 위험하고 문제가 되는 것인지 제대로 모르는 것이다. 결혼이라는 문제의 본질을 제대로 보지 못했다. 결혼은 하나의 삶이며 인간은 결혼을 통해 사랑을 배우고 자신을 온전한 존재로 만들어간다. 그러나 외모만을 고려한 결혼을 하였을 때는 이러한 결혼의 본질을 채우기 어려워진다. 그러한 결혼에서 생길 수 있는 비극을 생각해 본다면 당신은 그런 선택을 하지 않을 것이다. 예를 들어 인격이나 성격과 같은 것을 배제한 외모만을 중시해 결혼 한 후 맞이하는 일상적 삶 속에서 배우자와 성격과 생각의 차이가 매우 커 많이 다투게 되고, 결국 서로를 미워하게 될 것을 알고 있다면 여전히 그런 선택을 할 수 있을까? 더 나아가 서로 미워하고 나무라는 삶 속에 오랜 시간을 보내다 보면 어느새 당신은 자기 본연의 모습 조차 잃어버리게 되고, 더욱이 당신 주변과 가족들과의 관계도 소원해질 수 있음을 알게 된다면 여전히 그 선택을 하려 할까?'

소크라테스는 제대로 알지 못함, 즉 무지로 인해 인간은 자신의 본성을 손상시키고 파괴한다고 주장하였다.[xvi]

모르기 때문에 실천이 되지 않는다는 소크라테스의 가르침은 미혼자들로 하여금 얼마나 나 자신에 대해, 상대에 대해, 사랑에 대해, 결혼이라는 것에 대해, 또 행복이라는 것에 대해 모르고 있는 것인지 되돌아 보도록 만든다. 그는 자신이 무지하다는 것을 깨닫는 것이 곧 앎의 시작이라고 하였고, 그래서 너 자신을 알아야 한다고 하였다. 더 알려고 해야 하고 더 알아야 한다. 알수록 우리는 조금이라도 더 빨리 선입견과 고정관념에서 벗어나 좀 더 자유롭게 생각하고 그만큼 어떤 장애 없이 진정 자신이 택해야 할 상대를 원하게 되고 결혼에 대한 올바른 결정을 내릴 수 있다.

정신분석학자이자 『사랑의 기술』의 작가인 에리히 프롬은 사랑을 구성하는 요소 중 중요한 한가지로 '알아야 함(knowing)'을 지적한다.[xvii] 그는 사랑함에 있어 안다는 것은 단지 변죽만 울리는 가벼운 앎이 아니라 핵심을 파고드는 앎으로 보았다. 나의 좁은 생각 범위를 초월하여 상대의 입장에서 볼 수 있어야 가능한 앎이다. 예를 들어 상대가 화를 낸 겉 모습만을 보고 상대가 내게 어떤 감정을 가지는지를 판단할 수 없다. 그렇게 겉으로 드러난 면만으로 판단하면 그가 내게 무관심하고 사랑이 식었다고 생각할 수 있다. 그러나 상대를 더 깊이 알고 이해하면 그 사람이 그렇게 겉으로 드러내는 것 이면에는 말할 수 없는 근심이나 염려가 있을 수 있음을 느낄 수도 있다. 그렇게 느끼게 되면 상대에게 불만을 가지거나 화를 내지 않고 오히려 연민을 느끼거나 공감을 할 수도 있다. 그리하여 그런 일시적 문제들을 이겨내는 현명한 사랑을 할 수 있다.

　어떻게 해야 더 깊이 알 수 있을까? 우리는 오직 사유를 통해서만 더 알 수 있게 된다. 이 사유의 능력을 통해 더 알게 되고, 진실과 진리에 다가가게 되고 지혜를 얻게 된다. 인간은 사유할 수 있도록, 또 사유하도록 창조되었다는 사실을 알려주는 고대 그리스 신화가 있다. 그 신화에 따르면 '에피메테우스'라는 티탄족이 그의 형 프로메테우스의 감독 아래 모든 동물을 창조했다. 그는 먼저 동물을 창조하며 각 동물마다 힘, 속도, 날카로운 발톱 등의 속성들을 각각 부여하였다. 그렇게 창조의 작업을 하다 드디어 맨 마지막으로 만물의 으뜸 자리를 차지할 인간을 창조할 차례에 이르렀다. 하지만 그는 이미 부여할 모든 속성을 다 부여하였기에 더 이상 인간에게 줄 속성이 남지 않았음을 알게 되었다. 몹시 당황한 그는 형 프로메테우스에게 이 사실을 알렸고, 프로메테우스는 고심 끝에 인간에게는 불을 선사해 줌으로써 특별한 존재가 될 수 있도록 하였다. 인간은 이렇게 불을 부여 받음으로써 만물의 영장이 되었다.

　인간에게 주어진 불이란 무엇을 말하는 것일까? 이 신화의 발생지 고대 그리스에서는 불이 매우 특별한 의미를 가지고 있었다. 고대 철학자 엠페도클레스는 만물을 구성하고 있는 근본적인 질료는 흙, 물, 공기, 불이라는 4원소설을 주장하였다. 그는 이 모든 자연의 존재들은 이 네 가지 원소의 조합으로 이루어졌다고 보았다. 그의 이러한 주장은 고대를 대표하는 철학자 플라톤과 아리스토텔레스의 열렬한 지지를 받았다. 특히 아리스토텔레스는 이 4원소 중 가장 무거운 원소는 흙이며 가장 가벼운 원소는 불이라는 점을 지적하며 세상의 가장 높은 곳에 위치하는 원소가 바로 불이라 하였다. 세상의 원리가 다 집약되어 하나의 소우주를 이루는 인간에게도 마찬가지다. 인간의 신체 중 가장 높은 곳은 머리, 즉 두뇌이다. 불은 우리의 두뇌를 상징한다. 인간이 프로메테우스에 의해 불을 부여 받음으로써 사유하는 능력을 함께 부여 받았음을 이제 이해할 수 있을 것이다. 인간은 불을 사용할 때에, 즉 사유하는 한에서만 인간일 수 있다.

불은 이 4원소 중 가장 강력한 힘을 가진다. 흙은 사물의 기초를 구성하며 에너지를 주고, 물은 이러한 사물을 순수하게 만들고 생명을 유지시키는 속성이 있으며, 공기, 즉 바람은 이를 이동시키고 균형을 맞추는 속성이 있다. 하지만 사물을 진정 다른 사물로 완전히 변화시키는 힘은 오직 불에게만 있다. 물에 녹는다 하여 그 물질의 속성 자체가 변하지는 않는다. 바람에 날려 흩어진다 하여 그 속성 자체가 변하지 않는다. 그러나 불에 태우면 에너지의 변화가 일어나며 그 사물의 고유 속성이 완전히 변하고 재로 남는다. 마찬가지로 자기 자신도 주변 환경도 모두 새롭게 변화시킬 수 있는 유일한 힘은 불이다.[13] 고대 철학자 헤라클레

---

13) 고대에는 이 불을 사유하는 능력뿐만 아니라 인간만이 가진 유일한 속성, 즉 사랑이라고 보는 가르침들도 있다. 오늘날 가슴 속에서 타오르는 것을 사랑이라 이야기하는 것을 보면 이들의 생각에도 일리가 있다.

이토스는 이런 불이야말로 모든 변화의 근본인 신의 속성이라고 하였다. 그래서 그는 지혜가 불, 즉 신의 가장 중요한 속성이듯이 인간의 근본적인 활동 역시 지혜와 사유여야 한다고 강조하였다.[xviii]

고대 철학자 헤라클레이토스는 '같은 강물에 두 번 들어갈 수 없다'고 말하며 세상 만물은 늘 변화하며 정지되어 있는 것이란 존재하지 않는다고 말했다. 그는 이렇게 변화하는 만물의 근원을 불이라 주장하였다.

생각에는 매우 다양한 종류의 생각[14]이 있다. 사유는 이 광범위한 생각의 부분집합이다. 우리는 늘 생각한다. 아니, 한시도 생각하지 않을 수 없다. '배가 고픈데', '피곤하니 자야겠군', '지금 참 기분이 좋군', '일을 더 잘하려면 어찌 해야 할까?', '지금

---

14) 예를 들어, 상상, 숙고, 사유, 회상 등이 있다.

저 사람은 왜 저렇게 말했을까?', '왜 나는 이것 밖에 되지 않을까?' 등등. 이렇게 넓은 범주에서 보면 생각이란 우리 의식에 떠오르는 내용 모두를 포함한다. 느끼고 상상하고 욕구하는 것 등이 모든 것들은 생각의 일종이다.**xix** 그렇다면 생각은 다음과 같이 둘로 나누어 볼 수 있다. 우리가 능동적으로 생각하지 않아도 머리 속에 자연스레 떠오르는 수동적인 생각과, 우리가 의지를 가지고 적극적으로 의식해야만 떠오르는 능동적인 생각이다. 전자는 우리가 무엇인가를 인식할 때 일차적으로 또는 본능적으로 알게 되는 인상[15]과 같은 것으로 앞의 예에서 '배가 고픈데', '피곤하니 자야겠군', '지금 참 기분이 좋군' 등에 해당된다. 후자는 어떠한 일에 대해 내가 더 한번 정리해보고 추론해보아야 하는 것으로 '내 일을 더 잘하려면 어찌 해야 할까?', '지금 저 사람은 왜 저렇게 말했을까?', '왜 나는 이것 밖에 되지 않을까?' 등의 예가 해당된다. 사유는 후자의 생각과 같다. 다시 말해, 사유는 그저 우리의 머리 속에 자연스럽게 떠오르는 것들을 인식하는데 그치지 않고, 의지를 가지고 이를 의심하고 이해하며 판단하고, 상상하고 추론하는 의식 활동이다.

그저 머리 속에 떠오르는 것들을 받아들이는 것을 넘어 사유하려 노력할 때 우리는 부수적이고 비본질적인 것들을 털어내고, 보편적이고 핵심적인 것을 파악할 수 있게 된다. 사유함으로써 문제가 닥치거나 결정해야 할 때 핵심을 가리는 많은 사고의

15) 철학적 용어로 '정념'이라 한다

장애물들을 걷어낼 역량이 배양된다. 그리하여 자신에게 주어진 환경 내에서 무엇이 취해야 할 핵심인지와 아닌지를 더 명확하게 보게 된다. 그렇게 되면 행동으로 옮기기가 수월해진다. 사유가 궁극적으로 앎을 실천으로 매개해주는 것이다. 행동으로 옮기지 못했다면 충분히 알지 못한 것이고, 본질적으로 알지 못한 것이며 사유하지 않았다는 것이다. 다음은 국내 유수 대학 출신의 여성 내담자와의 상담 내용이다.

내담자 저에게 있어 남자의 경제력은 매우 중요해요.

상담사 왜 그렇게 중요하죠?

내담자 그거야 당연한 것 아닌가요? 그걸 왜라고 묻는 상담사님이 더 이상한 것 아니에요?

상담사 그럴 수도 있겠지만, 그래도 한번 생각해보죠. 지금까지 그럼 결혼을 선택하지 않은 이유가 꼭 경제력 있는 남자를 못 만나서 인가요?

내담자 꼭 그런 것은 아니죠. 많지는 않더라도 그런 남자가 아주 없었던 것은 아니니까요.

상담사 그런데요?

내담자 경제력이 다는 아니잖아요? 성격도 맞아야 하니까요.

상담사 제가 보기엔 본인도 충분히 똑똑하고 경제활동을 할 수 있을 것 같은데요.

내담자 저의 개인적인 능력과 남자의 능력은 결혼에 있어 별개의 문제에요. 결혼해서 제가 일을 더하고 싶어서 더하는 것과 해야 하기 때문에 하는 것은 차이가 있으니까요.

상담자 그렇군요. 그럼, 혹시 본인이 경제력이 없다면 어떤 점이 제일 걱정되죠?

내담자 글쎄요. 모든 게 다 걱정이 되겠죠.

상담자 물론 그렇지만 그래도 본인 마음 속 깊숙이 있는 한가지 걱정을 꺼내보세요.

내담자 흠…. 부모님이요.

상담사 왜죠?

내담자 아버지가 은퇴하셨는데 그간 모아놓은 돈을 잘못 투자해서 지금 수입이 시원치 않으세요. 그래서 어머니하고 관계가 아주 안 좋아지셨어요.

상담사 아, 네….

내담자 요즘 같아선 만약 저라도 같이 안 살았으면 아마 집안 분위기도 최악일거라는 생각이 들어요. 뿐만 아니라 경제적으로도 어머니가 걱정을 많이 하실 것이고요.

상담사 남동생이 있다고 하지 않았나요?

내담자 있긴 한데 결혼한 이후로는 거의 부모님께 신경을 쓰지 않아요.

상담자 그렇군요. 그래도 부모님께서 본인이라도 있어서 참 다행이라 생각되네요.

내담자 그렇죠. 그런데 정작 부모님은 그 사실을 몰라요. 맨날 저보고 시집 안 간다고 구박만 해요. 그러면서 생활비를 많이 도와드리는 저보다 돈 한푼 지원해주지도 않은 남동생만 예뻐하죠.

상담사　이런…. 가끔 부모님이 많이 야속할 때도 있겠어요.

내담자　뭐, 이젠 익숙해요.

상담사　그럼, 만약 부모님 걱정만 아니라면 결혼과 상대에 대한 선택이 달라지나요?

내담자　(한참 고민하다가) 어머, 정말 저 몰랐었네요.

상담사　무엇을요?

내담자　제 결혼과 배우자 선택에 있어 부모님의 경제력과 또 악화된 두 분 관계가 매우 크게 작용하고 있다는 사실을요.

　본 내담자는 상담 전까지 자신의 결혼이 늦어지고 있다는 사실에 대해 부모님께 죄책감과 미안한 마음을 가지고 있었다. 또한 결혼에 대해서도 막연하면서도 설명할 수 없는 부담감을 느끼고 있었다. 하지만 그녀는 그 동안 고수해 온 남자를 보는 기준들, 예를 들면 경제력의 기준이 어쩌면 진짜 자신이 바라는 기준이 아닐 수도 있다는 점과, 자신의 결혼 유보 결정 이면에는 자신의 까다로운 눈높이와 이기적인 고집만이 아닌 부모님에 대한 배려와 걱정도 존재함을 깨닫게 되었다. 이는 그녀에게 결혼과 배우자 선택에 있어 자신의 기준이나 관점이 일차적으로 자신의 본래적인 결정과 의지라기 보다는 자신을 누르고 있는 그런 다른 요인들에 의해 큰 영향을 받고 있음을 생각해 볼 여지를 주었다.

　결혼은 진정 자기 자신을 위한 결정이 되어야 한다고 이론적으로 알고 있는 본인이 정작 자기 자신의 결혼문제에 있어서는 그렇지 않음을 자각하게 되었다. 뿐만 아니라 결혼이 자기의 이기적인 고집으로 늦어진다는 맹목적인 죄책감과 막연한 부담감으로부터도 한결 자유로워질 수 있었다. 더불어 자신에 대해 다시한번 생각해보고 어느 가치와 결정이 진정 자신을 위한 것인지, 또 어떻게 현실과 자신의 주체성을 조율해가야 하는지 진지하게 생각해볼 계기를 가지게 되었다. 진정 알게 된다면 실천하게 된다는 소크라테스의 이야기처럼 그녀는 실제로 이 상담이 있은 후 일년이 채 못되어 자신이 선택해야 할 남성을 결정하였고, 그 남성과 결혼하게 되었다는 소식을 전했다. 경제력이 있는 집안의 남성은 아니지만 자신을 사랑해주고 함께 미래를 만들어갈 수 있는 신뢰를 주는 남성이라고 한다.

철학자 가다머가 말하는 진정한 앎이란 대상에 대한 지식의 차원이 아니다. 진정한 앎은 이해하고 해석하며 또한 현실에서 적용하는 일이어야 한다. 이러한 앎은 곧 내가 존재하고 있다는 것이자 내가 실천하는 일 그 자체와 다르지 않다.[xx] 헤겔은 안다는 것이 곧 나의 존재라고 하였다. 실제로 그러하다. 우리는 자기가 아는 만큼만 세상을 보고 이해하며 해석할 수 있다. 또한 그러한 앎의 수준이 곧 그에 상응하는 행동과 실천의 수준을 낳는다. 따라서 우리 모두는 내가 알고 이해하는 대로 주어진 현실을 받아들이고 경험한다. 우리 선조들이 남긴 다음의 일화를 보자.

태조 이성계는 무학대사에게 이렇게 농을 건넸다. '나는 대사가 돼지로 보입니다. 늙고 못생긴 돼지로." 그러자 무학대사 이렇게 답했다. "소승은 처사님이 부처로 보입니다." 언짢게 생각할 줄 알았던 대사가 웃으며 이렇게 받아넘기자 이성계는 다시 묻는다. "아니 나는 대사를 돼지라 놀렸는데 어찌 나에게 부처라 하는 게요?" 그러자 대사는 다음과 같은 유명한 답을 남겼다. "돼지 눈에는 돼지만 보이고, 부처 눈에는 부처만 보이는 법입니다."

❤ 주체적인 삶으로 이끄는 이성(理性)

무엇이 우리를 사유하도록 하고 이해하고 깨닫게 하는가? 우리 안에 무엇이 있길래 진리를 파악하게 해주고 실천할 수 있도록 만드는가? 아리스토텔레스는 인간이 자신에게 좋은 것 또는 참된 것을 행동으로 옮길 수 있는 상태로 만들어 주는 요인을 이성이라고 하였다. 이성을 통해 인간은 사유하고 판단하며 결정을 내리고 행동한다. 그래서 그는 인간을 이성적 동물이라고 정의한다. 식물은 성장기능이 있고 동물은 식물의 성장기능에 더하여 욕구의 기능이 있지만, 인간은 그 두 가지 기능과 더불어 사유하는 기능이 있다며 인간의 고유 특성을 사유를 가능하게 해주는 기능, 즉 이성에 부여한 것이다. 가장 인간적인 특성이 이성에서 비롯되며 이성의 기능은 바로 사유하는 것이므로, 이성을 통해 탁월하게 사유하면 할수록 우리는 행복을 구하고 삶의 의미를 얻을 수 있다.

이성이 있기에 우리는 남들과 똑같이 생각하고 행동하지 않는다. 각자는 서로 자기만의 특별한 환경과 세계에 살고 있고, 이성은 그러한 주어진 환경과 세계 속에서 자신에게 가장 알맞은 생각과 행동을 하도록 돕는다. 이성은 이렇게 자기만의 고유한 환경과 세계에 알맞은 사유와 실천을 하도록 하며 나만의 주체성을 만들고 확장시켜 준다.

인간은 누구나 더 많은 돈을 벌고 싶어하고, 더 멋진 옷을 입고 싶어하며, 남들에게 자랑하고 싶고, 더 맛있는 것을 먹고 싶어한다. 배우자를 고르는 문제도 마찬가지다. 누구나 더 좋은 집안 배경이 있으며 더 지식이 많고, 더 경제력이 있으며 더 예쁘고 잘생긴 배우자를 찾는다. 그러나 이렇게 본능대로만 살고자 한다면 나와 타인의 차이는 없어진다. 또한 모두 동일하거나 비슷한 생각을 하고 선택을 하게 될 것이다. 그렇게 되면 경쟁은 더욱 치열해지고 더 잘난 사람만 더 좋은 것을 취하게 된다. 결혼 또한 더 집안이 좋고 더 외모가 수려한 순서대로 하게 될지도 모른다.

하지만 우리의 이성은 우리로 하여금 그러한 본능과는 다른 나만의 고유함을 지키고 주체성을 가질 수 있도록 작용한다. 본능이 이끄는 대로 행동하지 않고 나라는 존재와 여러 상황을 고려하여, 더 올바르고 주체적인 것을 선택하도록 한다. 이것이 가능한 이유는 이성은 어떠한 구속이자 제약 조건 없이 추론하여 결론을 내도록 만들어주기 때문이다.

칸트는 이성이란 선천적인(a priori) 인식 능력이라고 한다. 이 선천적인 인식 능력이란 후천적이지 않는, 다시 말해 우리의 경험이나 감각, 본능, 또는 외부의 어떠한 압력이나 틀에서 독립적이고 자발적인 인식능력이다.[xxi] 한마디로 요약하면 어떠한 제약이나 편견에도 자유로운 인식능력이다. 따라서 이성을 통해 우리는 어떤 사안에 대하여 본능이나 사회의 틀, 외부의 압박 등에서 벗어나 자유롭고 구속 없이 추론하고 사유할 수 있다. 이는 각 개인만의 상황과 문제들에 있어 편견 없이 올바르고 타당하게 선택할 수 있게 해준다. 그래서 이성을 가지고 사유하는 우리는 타인이 아닌 내 스스로 나만의 고유하고 독립된 문제들을 어떤 참고서나 격률이 없어도 주체적으로 해결할 수 있다.

고대 그리스 시대에는 이성이 '로고스'라 불렸다. 여기에는 본래 우주, 세계, 만물의 질서 또는 원리의 뜻이 내포되어 있다.[16)][xxii] 따라서 로고스는 꼭 인간에게만 존재하는 것이 아닌 만물에 내재되어 있는 것이다. 바위는 바위대로, 나무는 나무대로, 사람은 사람대로 모두 만물의 질서와 원리를 내포하고 있다. 그렇기 때문에 인간은 이성, 즉 로고스를 통해 타인을 이해함은 물론 자연과 우주의 질서와 원리도 이해하고 파악할 수 있다. 인간의 언어와 사유는 이 로고스에 일치하는 정도만큼 진리를 표현하고

---

16) 고대 그리스에서 이성, 즉 로고스에는 이 외에 다른 여러 의미들이 있다. 또한 만물에 이성, 즉 로고스가 내재되어 있다는 사실은 성경에서도 찾아볼 수 있다. 성서의 첫구절 '태초에 말씀이 있었다'에서 말씀은 본래 로고스, 이성을 지칭한다는 해석도 있다.

파악한다. 다시 말해 이성은 우리를 자기 자신 외의 다른 존재들과 연결시켜 주며, 그러한 연결 속에서만 우리는 자신을 포함한 만물이 공유하고 있는 면들을 이해함으로써 더 보편적이고 본질적인 것을 알게 된다.

이성은 만물의 질서와 원리이면서 또한 자기 존재에 알맞게 구성하는 주체적인 질서와 원리도 된다. 그러므로 하나의 인간으로서 내 안에 있는 나만의 질서와 원리를 찾도록 하는 것 또한 이성의 기능이다. 그 때문에 진정 나 자신다움을 구성하는 것도, 이를 알게 되는 것도 모두 이성을 통해서이다. 이성과 주체성은 이렇게 만난다.

그렇다면 이성은 누구에게나 주어져 있는가? 이성의 질 또한 개별적으로 차이는 없는가? 이성은 누구에게나 동일하게 주어졌을 뿐만 아니라 우리가 중요시하는 IQ처럼 개인마다 질의 차이가 있는 것도 아니다. 그래서 우리는 누구나 인간답고 주체적일 수 있다. 데카르트는 자신의 유명한 저서 「방법서설」 맨 첫 구절에서 다음과 같이 말한다.

이성은 세상에서 가장 공평하게 분배되어 있는 것이다. 누구나 그것을 충분히 지니고 있다고 생각하므로, 다른 모든 일에 있어서는 만족할 줄 모르는 사람들도 자기가 가지고 있는 이상으로 이성을 가지고 싶어하지 않으니 말이다.[xxiii]

이성이 이렇게 우리에게 이미 공평히 주어져 있고, 또 이성에는 개인간의 질적 편차가 존재하지 않는 동등한 것이라면 다음의 질문은 당연한 것이다. 모두에게 이성은 다 주어졌는데 왜 세상에는 누구는 더 올바르고 행복하게 살고, 누구는 잘못된 선택을 하고 불행해지는가? 이를 설명하는 유일한 답은 바로 사유의 유무이다. 우리의 이성은 원석과 같다. 아무리 좋은 원석이라도 잘 갈고 닦지 않으면 보석이 되지 못한다. 이성도 마찬가지다. 이성은 갈고 닦을수록 더 분명히 인식하고 진리에 다가간다. 원석은 갈고 닦아야 비로소 자신이 가진 본래의 영롱한 빛을 발하듯, 이성 역시 늘 사유함으로써 스스로 활동하게 되고 자신을 더 분명히 드러내게 된다.[xxiv] 사유하지 않고 멈추게 되면 우리의 이성에는 녹이 슬고 빛이 바래게 된다. 녹이 슨 이성은 정확한 사리분별을 하지 못하며 자신의 주관적인 생각을 마치 객관적인 생각으로 오해하기도 하고, 이러한 것들이 모여 오해와 갈등, 불만의 근원이 된다. 아리스토텔레스는 단순히 이성을 가지고 있는 상태에서는 망각이 존재하지만, 올바로 이성을 사용하는 실천적 지혜의 단계에서는 망각이 존재하지 않는다고 하였다.[xxv]

오늘날 많은 이들이 사유한다는 것을 마치 어려운 일로 생각하고 삶과 동떨어진 것으로 생각한다. 그래서 사유한다는 것을 마치 철학자들의 일로만 간주하기도 한다. 아니다. 사유는 누구나 할 수 있고 또 해야 하는 일이다. 사유함에는 책을 많이 보는 사람이든, 운동을 열심히 하는 사람이든, 육체적인 노동을 해야 하는 사람이든, 예술을 하는 사람이든 구별이 있을 수 없다. 철학적 지식을 더 많이 안다 해서 반드시 더 깊은 사유를 하는 것은 아니다. 사유는 일상의 삶에서 시작되어야 한다. 비록 철학책은 적게 접하였어도 자기 삶의 자리에서 치열하게 스스로 묻고 답했다면 그 사유가 진정한 깊이를 담는다.

누구나 주체적인 삶을 추구한다. 이 세상에 나랑 같은 사람은 단 한 사람도 없기 때문이다. 우리 모두는 자기 자신의 본성에 맞게 주체적으로 살아갈 때에만 진정 행복하다. 그래서 많은 이들이 자기 자신을 찾는다는 목적으로 여행을 떠나고, 독서를 하고, 새로운 경험이나 도전을 찾기도 한다. 사유는 나 자신, 즉 주체를 찾는 본질적인 작업이다. 여행이나 독서, 도전 자체가 나를 찾게 해주는 것이 아니라, 그러한 경험 속에서 새로움을 접하며 기존에 느끼지 못했던 차이를 인식하고 그 차이에 대해 묻고 답하며 사유할 때 나를 발견하는 단서를 찾게 된다. 그렇게 사유하여 찾은 가치와 신념들은 나만의 고유한 철학을 이루고, 내 정체성 혹은 주체성이 된다. 따라서 사유는 주체적인 자신의 토대이다. '진실성 혹은 존재를 인정하다', '인식하다'의 뜻을 가진 단어 'recognize'는 '다시'라는 뜻의 접두어 're'와 '알다'란 뜻의 'cognize'가 합쳐진 단어이다. 나의 존재, 곧 주체성을 확립하는 것은 이성을 통해 다시 나를 알게 되는 것이다. [xxvi]

미혼자들은 더 치열하게 사유하길 요구 받는다. 그들은 사유를 통해 넘고 극복해야 할 많은 얼개들이 있고, 그 과정에서 흔들리지 않는 주체적인 삶을 살아야 한다. 결혼의 유무와 배우자 선택의 기로에 서 있는 미혼자들에게 판단과 결정은 매우 중요하다. 어떤 판단을 할 것이며 어떤 결정을 내릴 것인지가 남은 인생을 좌우한다. 이런 결정은 자기 자신이 아닌 다른 이유나 굴레에 의해 좌지우지 되는 무리한 결정이 되지 않아야 한다. 무리(無理)하다는 것은 이(理)가 없다는 것이며 이는 곧 이성(理性)이 없다는 것이다. 따라서 이성이 없음은 응당 따라야 할 법칙과 질서가 자기 자신에게 부재하다는 것이고, 이것이야말로 자신의 주체성이 상실된 모습이자 무리한 모습이다.

💬 실재(實在)와 실제(實際)의 문제

이성이 잘 활동하면 할수록 우리는 실재와 실제에 대해 생각하고 구분하게 된다. 실재와 실제에 대해 생각하고 판단하려는 노력은 우리 삶에 참 많은 이로움을 준다. 좀 더 본질적인 것들에 대해 접근 할 수 있도록 하기 때문이다. 실재(實在)란 진실로 존재하는 것을 말한다. 예를 들어, 나폴레옹은 1700년대에 프랑스에 존재했던 실재의 인물이다. 이는 객관적인 사실로 그 진위에 있어 논란의 여지가 없다. 그러나 실제(實際)는 어떤 사실에 대해 객관적으로 실재하는지의 진실과는 상관없이 내가 실재라고 느끼는 것이다. 즉, 그것이 정말 실재하는지의 사실과는 별개의 문제이다. 예를 들어, 네스호에 괴물 '네시'가 사는지 아닌지는 아직 명확히 알려진 바는 없지만, '네시'의 존재를 믿는 이들에게는 '네시'는 그들 마음속에 실재하는 실제의 존재가 된다.

다음은 30대 중반 미혼 여성과의 대화이다.

내담자 시집도 안가고 이제 30대 중반이 넘어가니 여러 가지로 내가 안 좋게 변하는 것 같아요.

상담사 왜 그렇게 생각하세요?

내담자 노처녀 히스테리 때문인 것 같아요.

상담사 본인이 지금 노처녀 히스테리 증상이 나오고 있다고 생각해요?

내담자 네.

상담사 어떤 점에서 그런데요?

내담자 작은 것에 민감하게 되고 예전에는 그냥 넘길 문제들에도 상처 받게 되고… 또 짜증도 쉽게 나는 것 같아요.

상담사 노처녀 히스테리라는 것이 정말로 존재하는 것일까요?

내담자 당연하죠.

상담사 왜 당연할까요? 혹시 결혼하지 않은 여성들에게 사회가 흠을 잡기 위해 만들어 낸 일종의 허구일 수도 있지 않을까요?

내담자 나이가 들면 호르몬이 바뀌잖아요. 호르몬에 영향으로 노처녀 히스테리가 생기는 것 아닌지….

상담사　만약, 그렇다면 왜 그 호르몬 변화가 기혼 여성들에게는 적
　　　　　용이 안되고 미혼 여성에게만 적용이 되나요? 호르몬이 설
　　　　　마 미혼과 기혼을 가릴 줄 아는 걸까요?

　노처녀 히스테리는 정말로 실재하는가? 아니면 그렇다고 믿는
누군가에게만 실제할 따름인가? 우리는 생각보다 실재하지 않는
많은 것을 실재한다고 여기며 산다. 그리고 이러한 실제는 많은
걱정과 불안의 근원이 된다. 예를 들어, 미혼자들이 가진 큰 걱
정 한가지는 홀로 남겨질 미래의 외로움이다. 적지 않은 미혼자
들이 언젠가 다가올 수 있는 이 미래의 외로움에 괴로워하거나
걱정한다. 그러나 이러한 미래의 외로움은 실재하는 것이 아닌
실제하는 것이다. 미래에 내가 가족을 가지게 된다면 혹은 즐겁
게 살 방안을 깨닫게 된다면 그런 외로움과 걱정은 존재하지 않
게 된다. 이렇게 실재가 아닌 실제는 현재의 내 사유에 따라서 존
재할 수도 있고 존재하지 않을 수도 있다.
　실재하지 않는 많은 것이 실제하게 되면 그만큼 우리는 많은
것을 짊어지고 살아야 한다. 누군가가 나에 대해 적의를 품고 나
의 흠집을 찾아내려 노력한다고 생각하게 되면, 그들의 나에 대
한 악의에 찬 관심은 실제하게 되고 내 모든 행동과 감정에 제약
을 가하게 된다. 실재하지 않는 내 명예와 명성에 집착하면 그만
큼 내 자유의 폭은 좁아진다. 우리의 마음 속이나 대중의 관념
속에는 이렇게 많은 것들이 실제하고 있다. 그리고 이러한 실제

는 하나의 거대하고 끔찍한 존재를 스스로 생산해 낸다.

　종교가 그 시대의 절대적 기준이 되었던 중세에는 마녀사냥이
있었다. 종교로 인해 기득권을 차지했던 성직자와 권력가들은 악
마를 숭배하고 교회와 타인을 파멸시키려는 마법사와 마녀들이
실재한다고 주장했다. 그래서 그들은 사악한 마법사와 마녀들을
찾아내려 노력하였고 이를 위해 종교재판을 열었다. 고문과 비합
리적 심문방식에 의해 종교재판에서 마녀나 마법사로 판결 받은
이들은 옥에 갇히고 화영 당하고 참수 당했다. 이러한 광기의 역
사는 놀랍게도 15세기부터 시작되어 18세기까지 무려 300여 년
동안 지속되었다.

　정말로 마녀와 마법사는 실재했을까? 당시 시민들은 이러한
시대적 상황에 의해 그들이 실재한다고 믿었고 악취가 나고 매
우 사악하고 소름 끼치는 악마와 같은 외모를 한 마녀를 보았다
는 묘사하는 이들도 있었다. 정말이었을까? 실제가 실재를 만든
것은 아니었을까? 역사는 이러한 마녀사냥과 종교재판을 당시의
기득권 세력의 권력유지와 연결되어 있다고 평가한다. 이교도 침
입과 종교개혁, 경제상황의 악화 등의 위기를 탈출하기 위해 희
생양이 필요하였고 그 희생양이 바로 그들이었다. 이렇게 실재하
지 않은 실제는 때론 엄청난 희생을 낳은 거대한 괴물을 만든다.

　스페인 궁정화가 프란스시코 고야는 이러한 중세시대 말 신분
제아 지나친 종교 믿음에 따른 과격하고 비상시적인 문제들을 목

도한 화가였다. 죄 없는 처녀들과 마법사들을 사회 악과 문제의 발단으로 지목하며 종교재판을 통해 처형하는 모습을 보며 그는 비이성적인 당시의 시대상황에 큰 문제의식을 느꼈고, 자신의 연작판화집 제43번 작품에 이러한 문제의식을 표현하였다. 한 사람이 탁자에 기대 잠들어 있고 그 뒤엔 박쥐, 고양이, 부엉이가 그를 쳐다보고 있다. 그리고 그 그림 왼쪽 하단에는 작품의 제목이기도 한 다음의 문구가 쓰여져 있다.

'이성이 잠들면 괴물이 나타난다
(El sueño de la razón produce monstruos)'

「이성이 잠들면 괴물이 나타난다(El sueño de la razón produce monstruos)」, 프란스시코 고야 작(1799)

나의 이성이 제대로 작동하지 못하면 우리는 자신의 모습이 아닌 끔찍하거나 비참한 모습으로 살아가게 되지 않을까? 실재하지 않는 것을 실제하지 않도록 하는 것, 이것은 바로 이성의 밝음에서 비롯된다.

❤️ 이성과 감정 사이의 거리

현대 철학에는 근대시대를 거치며 한쪽으로 치우치게 된 이성의 의미를 바로잡기 위해 다양한 시도들이 있었다. 많은 현대철학자들이 이성에 대한 오해를 바로잡는 일이 시대의 문제를 극복하는 매우 중요한 일이라 생각했다. 근대 계몽의 시대를 거치며 중세 시대의 낡은 문제들을 극복하는 데 이성이 매우 중요한 역할을 한 것이 사실이지만, 과학과 경험을 중요시하고 또 효율과 결과를 중시하는 시대가 되면서 본래 이성이 가진 온전한 의미 또한 잃어버린 것이 사실이기 때문이다. 『계몽의 변증법』을 공동 집필한 철학자 아도르노와 호르크하이머는 오늘날의 이성은 '도구적 이성'[17]으로만 전락해 사회에 많은 문제들을 야기한다고 지적한다. 가다머는 자신의 책 『과학시대의 이성』에서

---

17) 도구적 이성이란 스스로 주체적이고 능동적으로 판단하고 작동하는 본래의 이성 의미에서 벗어나, 명령을 정확히 수행하고 자체적인 판단력을 상실한 그저 목적 달성을 위한 수단으로 전락해버린 이성을 말한다. 따라서 효율을 높이고 결과를 창출하는 데에는 매우 적합하나, 그를 위해 옳고 그름 따위는 따지지 않는다.

현대 시대에서 증명되지 않는 것에는 침묵해야 하며 정해진 방법과 논리만을 따라가는 이성은 과연 올바른 이성인지를 문제 삼는다.

고대의 온전한 의미를 잃어버린 이성에 관한 크나큰 오해 중한 가지는 이성과 감정에 대한 명확한 분리이다. 고대의 이성과 감정은 오늘날 우리가 생각하듯 그렇게 대립적이고 반대적인 개념이 아니었다. 우리는 이성을 그저 합리적으로 생각하도록 만들어주는 차가운 인간의 두뇌 활동 또는 차분하다 못해 차갑고 냉정히 만드는 논리라고 이해하곤 한다. 그래서 어떠한 근거를 통해 논리적이고 분석적으로 생각하고 판단하는 사람을 인간미 없다고 하며 매우 이성적인 사람이라고 한다. 반면 감정은 이성이 없는 매우 본능에 충실한 상태로 치부되며 감정적인 사람을 진중하지 못하고 스마트한 면과는 거리가 먼 사람이라 생각한다. 그러나 고대의 이성은 그렇게 차갑고 냉정하지만은 않았으며, 감정 역시 그렇게 동물적이고 감각적인 면만 있었던 것은 아니었다.

실제로 이성과 감정 사이의 거리는 그렇게 멀지 않다. 우리의 감정에는 본능적이고 동물적인 부분도 있지만 분명 이성적인 부분도 있다. 이성적 감정이라 말한다면 이성과 감정을 대립적으로 보는 우리에게는 참으로 모순된 단어로 들린다. 하지만 이러한 감정은 상황에 적합하게 행동하게 해주는 중용을 찾는 역할을 할 수 있다. 이는 능동적 감정이며 우리의 일상에서 올바른 일들을 실천할 수 있게 해주는 감정이라 할 수 있다.[xxvii]

우리가 흔히 대표적인 감정으로 꼽는 '사랑'의 어원에 대해 살펴보자. 우리말 사랑의 어원에 대해서 크게 두 가지 주장이 있다. 첫째, 국립국어원에 따르면 우리 조상들은 '사랑하다'라는 단어를 오늘날 우리가 생각하는 그 감정적인 사랑의 의미보다 '생각하다'의 의미를 가진 단어로 더 많이 사용했다고 한다.[xxviii] 둘째, 사랑의 어원에 대한 또 다른 연구에서는 사랑이 '사량(思量)'이란 단어에서 음운변화로 유래되었다고 한다.[xxix] 사량(思量)은 '깊이 생각하다'란 뜻이다. 그 뿐이 아니다. 대표적인 또 다른 감정인 '감사함' 혹은 '고마움'의 뜻에서도 유사한 흔적이 보인다. 감사를 뜻하는 영어 단어 'thank'는 'tong'이란 어원을 가지는데 이 'tong'은 '생각하다', '느끼다'라는 뜻으로 오늘날 '생각하다'의 의미를 지칭하는 영어 단어 'think'의 어원이기도 하다. 이러한 단어들의 설명은 감정이 이성, 즉 사유한다는 측면과 별개의 문제가 아닌 깊은 관계가 있음을 보여준다. 철학자 헤겔은 이성 자체를 감성과 오성 등 모든 것이 하나로 있는 이해하는 이성으로 보았다. 그는 이렇게 분리되지 않고 통합적인 이성의 개념을 통해 사유하는 인간 존재와 세계를 해명한다.[xxx]

이성과 감정의 이러한 밀접한 관계를 이해한다면 자신의 마음을 치유하는 데 큰 도움을 얻을 수 있다. 실제로 이성과 감정에 대해 깊이 고민한 아리스토텔레스의 감정에 대한 통찰은 오늘날 여러 상담 분야에 토대를 제공하고 있다 우리가 생각하는 이성과 동떨어진 감정은 고대 그리스의 수동적인 감정(pathos)과 비슷하다. 그러한 감정은 순간 우리 의지로 통제될 수 있는 대상이 아니다. 고대 그리스의 감정(pathos)에 대한 어원은 '영향 받다'란 뜻의 'paschein'로써 이 수동적인 감정은 어떠한 문제로 마음이 영향 받은 상태를 의미한다.[xxxi] 아리스토텔레스는 수동적 감정이란 외부 대상이나 사건에 대해 우리의 감각이 지각하여 신체적인 변화나 느낌이 발생되는 것이라 하였다. 그래서 공포의 대상이나 분노의 사건을 접할 때 몸이 떨리고 얼굴이 경직된다. 즉 인간이 그때 그때의 상황에 따라 영향 받는 기분이나 정서 등을 표현한 말이다.

고대 그리스 철학자 아리스토텔레스는 오늘날 여러 분과로 나누어진 다양한 학문들에 지대한 영향을 끼친 철학자이다. 윤리학, 논리학, 과학, 수학 등 그의 연구는 인간의 실제 삶에 밀착된 보다 구체적이고 실천적인 앎을 지향했다.

하지만 아리스토텔레스는 감정에는 그렇게 수동적이고 어찌할 수 없는 측면만 있는 것이 아닌 보다 능동적인 의미 또한 있음을 가르쳐 주었다. 감정에는 수동적인 측면과 능동적인 측면이 모두 있다는 것이다. 그는 만약 인간의 감정이 수동적인 면이 전부라고 한다면 동물의 본능적 감정과는 무엇이 다른지를 묻는다. 감정에는 이성적인 설득에 열려있는 지적인 면, 즉 인지적인 측면이 있다.[xxxii] 실제로 우리의 감정은 자기 자신이 가지고 있는 믿음이나 기본 전제, 혹은 가치들에 따라 좌우되는 것이 사실이다. 예를 들어, 누군가 당신에게 '아직 결혼을 못했어? 나이가 어떻게 되지?'라고 물었을 때 기분이 나쁘고 창피하거나 화가 난다면 마음 속 깊이 '성인은 일정한 나이가 들면 결혼을 하는 것이 당연한 일이다'라는 이성적인 전제가 있기 때문이다. 만약 딸을 둔 아버지가 밤에 늦게 들어온 딸에게 "아니 과년한 처녀가 방정맞게 왜 이리 늦게까지 쏘다녀?"라고 화를 낸다면, 그 아버지는 '시집을 가지 않은 성인 여성은 일찍 집에 들어오는 것이 여성답고 바람직한 일'이라는 가치관을 가지고 있는 것이다. 감정이 생기는 많은 일에는 의식적이든 무의식적이든 이성적인 면들, 즉 전제, 가치 등이 관여하고 있다.

철학상담가 엘리엇 코헨은 자신의 저서 '지금 나는 고민하지 않는 방법을 고민 중이다'에서 결혼을 기대한 남자친구와의 결별로 인해 불안해하는 34살의 미혼여성과의 상담 내용을 소개하고 있다.

코　헨　무엇을 걱정하는 건가요?

내담자　전 서른네 살이에요. 남은 인생을 함께할 남자를 다시 만날
　　　　수 없을지도 몰라요.

코　헨　그 사실을 왜 걱정하는 건데요?

내담자　왜라니요? 평생 혼자 살아갈지도 모르잖아요?

코　헨　생의 반려자를 찾지 못하게 된다면 자신에게 뭐라고 이야
　　　　기하겠어요?

내담자　그렇게 되면 난 정말 끔찍할 거예요. 평생을 독수공방하며
　　　　살아야 한다면 아마 난 미쳐버리고 말걸요.[xxxiii]

　　상기 상담내용은 이성과 감정이 서로 유기적으로 연결되어 있
음을 잘 보여준다. 내담자는 자신이 가진 몇 가지 전제로 인해
감정적으로 안정적이지 못하다. 그녀가 가진 몇 가지 전제를 살
펴보면, '혼자 산다는 것은 끔찍한 일이다', '여성이 30대 중반이
되면 평생 남자를 만날 확률이 매우 떨어진다', '그런 확률에는
자신의 경우도 예외가 아니다' 등이다. 이러한 전제는 통상적인
사실로 받아들여지지만, 달리 보면 반드시 그렇게 생각해야만
하는 사실도 아니다. 개인에 따라 다를 수 있다.

　　따라서 그녀가 마음의 안정을 찾고자 한다면 이러한 전제들에
대해 논해볼 필요가 있다. 예를 들면, 혼자 산다는 것을 그렇게
끔찍한 일이어야 하는가? 우리 주위에는 혼자이면서도 행복하게
사는 이들은 없는가? 옳고 그름을 따지기 보다 문제의 다른 측

면 혹은 다른 해석에 대해 이야기해보는 것은 그녀의 생각과 전제에 유연성을 부여할 수 있다. 그뿐만 아니라 남녀의 인연은 나이나 확률로만 계산되지 않는다. 30대 중반이 넘어 좋은 남자를 만날 확률이 낮아지더라도 이는 단지 확률일 뿐 개인의 현실에서 그러한 일이 일어나는 것을 보증하는 것이 아니다. 본인에게 맞는 좋은 남자를 만나는 일과 자신의 나이와는 반비례하지 않을 수도 있다. 나이가 더 어릴 때보다 오히려 성숙하고 남자를 더 온전한 시각으로 바라볼 수 있을 때 인연을 맺는 것이 본인에게 알맞은 남자를 만나는 일일 수도 있다.

이렇게 그녀는 미처 생각해보지 못한 자신의 다양한 전제들에 대해 생각해보고 질문 던져볼 필요가 있다. 그녀는 자신이 몰랐던 본인의 전제와 가치들에 대해 새롭고 다양한 측면이 있음을 알게 됨으로써 좁은 범위에 갇혀 있던 자신의 신념이나 가치를 약화시키고 대체하여 마음의 평화를 얻을 수도 있다.

감정은 이렇게 수동적인 면만이 아니라 능동적이고 인지적인 측면이 모두 있기에 아리스토텔레스는 감정과 이성의 완벽한 조화를 강조한다. 이성과 감정이 동일한 목표를 지향할 때 우리는 행복하고 자유롭다. 재미있는 남성을 좋아하는 여성이 배우자를 선택할 때는, 재미 없지만 현실적으로 부유한 남자를 선택한다면 이는 이성과 감정이 동일한 목표를 추구하는 것이 아니다. A를 좋아하는 사람이 A를 선택하고 B를 싫어하는 사람이 B를 선택하지 않는 것이 이성과 감정이 조화로운 상태인 것이다. 아리스토텔레스는 인간이 바람직하고 자신의 본성대로 살기 위해서는 숙고해야 하고, 자신이 결정해 선택해야 할 바로 그것을 또한 욕구하게끔 습관화해야 한다고 주장했다.[xxxiv]

물론 현실을 살아가는 우리에게 이것이 그리 쉬운 문제는 아니다. 그렇다면 이성과 감정을 어떻게 조화롭게 만들 수 있는가? 감정의 일부는 우리의 신념, 전제, 가치 등과 연관된다고 하였다. 우선, 자신의 신념과 전제, 가치들을 더 풍부하게 만들어야 한다. 이는 사유함으로써 나의 세계를 넓힐 때 가능해진다. 즉 많은 경험과 끊임없는 나 자신과의 질문 및 답변을 통해 나의 고정관념과 사고의 경계를 인식함으로써 보다 넓은 세계를 만들어가는 것이다. 이렇게 스스로 답을 찾아가는 과정에서 내 고정관념과 견고한 경계가 무너지거나 느슨하게 된다. 그렇게 기존의 신념이나 전제가 약화되고 새로운 신념이나 전제가 대체하며 조금씩 변하게 된다

철학자 스피노자는 이성이 제대로 작동하면 우리는 자유를 얻게 된다고 한다. 사유하면 할수록 나의 이성은 더욱 활발히 작용하게 되고, 이성의 한쪽 측면만이 아닌 전체적인 측면을 사용할 수 있게 된다. 이는 나로 하여금 올바른 신념과 전제, 가치 등을 가지도록 해준다. 그리하여 올바른 것을 바라고 요구하도록 한다. 이렇게 우리는 사유를 통해 이성이 온전히 작용할 때 내가 원하는 것과 바라는 것이 일치하게 되고 그만큼 내 감정은 이성과 거리가 가까워진다.

싱글의
철학

❤ 결혼의 자격

　　　아주 특별한 사회적 상황이 있었던 시대들을 제외
[18]한다면, 결혼은 늘 성인들만의 문제였다. 예부터 우리 조상들
은 결혼의 유무를 진정한 어른이 되는 기준으로 삼았다. 기혼자
만이 성인(成人)임을 상징하는 상투를 틀 수 있었다. 오늘날도 마
찬가지다. 성년과 미성년을 나이로 구분하는 우리 사회에서 나이
가 안된 미성년자에게는 결혼이 허락되지 않는다.

　왜 결혼은 늘 성인들만의 문제가 되어 왔을까? 굳이 일정한 나
이의 성인이 아니어도 청소년기부터 남녀 모두 출산에 대한 육
체적 능력은 확보된다. 그럼에도 불구하고 미성년자에게는 결혼
이 허락되지 않는다. 반면 출산에 대한 육체적 능력이 현저히 감
소한 노년에서의 남녀 만남은 결혼이 될 수 있다. 따라서, 최소한
결혼이 성인들만의 문제가 되는 이유가 종족보존을 위한 문제
때문만은 아님을 알 수 있다.

　결혼의 자격이 성인에게 주어지는 이유는, 성인은 스스로 생각
하고 사유할 능력이 있기 때문이다. 칸트는 진정한 성인이란 다
른 사람의 도움 없이 자신의 이성[19], 즉 사고능력을 제대로 사

----

18)　우리 역사에는 민며느리제도나 꼬마신랑이 있었던 특수한 시대들도 있었다.

19)　칸트가 '계몽이란 무엇인가라는 질문에 대한 답변'이란 소논문에서 밝힌 이야기이다.본
　　래 그는 이성이 아닌 지성(Verstand)이라 표현했으나, 이 문맥에서는 지성을 그 자체
　　로 받아들이기 보다는 이성이란 개념으로 받아들이는 것이 타당하다. 칸트는 종종 이성
　　과 지성의 개념을 혼용해서 사용하여 지성이 상위 개념으로서의 이성을 가리키기도 한다.
　　* 참고 이엽(2012) 「이율배반: 칸트 비판 철학의 근본 동기」, 「칸트연구」, 제26집
　　* 칸트의 지성(verstand): 범주와 판단 및 규칙득이 도움으ᄅ 감선저 지간의 대상믈 시유
　　하는 능력을 뜻한다.

용할 줄 아는 이라고 정의한다. 성인은 미성년과 달리 이성을 사용하여 다른 사람의 지시 없이 주체적으로 생각할 줄 안다. 부모가, 친구가, 사회가, 국가가, 미디어가 나를 위해 지성과 이성을 가지고 있지 않으며 내가 무엇을 해야 할지 일러주지 않는다. 성인은 자기 삶 속에서 주어지는 다양한 문제들을 마주할 때마다 스스로 비판적으로 판단하며 올바르고 유익한 선택을 할 수 있다. 성인은 자기 스스로 사유하는 데 어려움이 없어야 한다 그래서 그는 스스로를 책임질 수 있는 존재이다.

미성년인 어린이의 '어리-'라는 어원은 한글이 창제된 15세기 무렵에는 주로 '어리석다'의 의미로 사용되었다. 그러다 16세기 들어 '나이가 어리다'의 의미가 추가되었고 18세기부터는 나이가 어리다는 의미만이 남게 되었다고 한다.[xxxv] 이렇게 우리 조상들은 본래 성인이 아직 되지 못한 이들을 단순히 나이가 어린 사람이 아닌 어리석은 사람으로 간주하였다. '어리석다'는 것은 슬기롭지 못하고 둔하다는 뜻이다. '슬기'란 사리를 바르게 판단하여 일을 해내는 재능을 말한다. 즉 슬기로운 사람은 자신의 이성을 활용해 유익함과 해로움, 좋음과 나쁨을 판단하고 선택하는 판단력이 뛰어난 이다. 가다머는 슬기로운 자와 그렇지 않은 자에 대한 구별을 판단력에 비추어 다음과 같이 말한다.

> 바보가 슬기로운 자와 구분되는 점은 그가 판단력을 전혀 가
> 지고 있지 않다는 사실, 즉 올바르게 분류할 수 있는 능력을
> 가지고 있지 않고 따라서 배워서 알고 있는 것을 올바르게 적
> 용할 수 없다는 데 있다.[xxxvi]

가다머는 이렇게 판단력을 단순히 많이 아는 것과 분명히 구별한다. 단순히 지식이 많은 것이 아니라 삶에서 진정 중요한 것을 알고 구분할 수 있는 것이 판단력이다. 가다머에 따르면 건전한 판단력은 공동감각과 함께 있는 것이다. 공동감각은 자신이 속한 삶과 공동체, 사회 안에서 벌어지는 것과 연관되는 감각이다. 이 말은 곧 진정한 성인이 가지는 판단력에는 자기 자신만을 넘어 공동체를 위한 고려가 함께 있으며, 더불어 구체적인 삶의 측면에서 작동하는 일이다. 늘 변하고 새로워지는 삶 속에서 그때그때 그 상황에 알맞은 나와 타인을 위해 함께 올바른 것을 찾고 실천해가는 감각이자 능력이다.

이러한 판단력이 있는 성인은 결혼의 자격이 주어진다. 결혼은 하나의 공동체를 꾸리는 일이다. 이 공동체는 단순히 나와 배우자가 있는 것만을 넘어서 시댁, 친정, 처가, 친지, 동료, 친구 등 다양한 이들이 연관되어 있는 공동체이다. 뿐만 아니라 내 아이도 있다. 스스로 돌보고 판단할 수 있는 이들은 나 자신은 물론 타인도 돌볼 수 있다. 결혼은 배우자를 사랑하고 내 아이를 돌보아야 하며, 또한 내 가족과 연관된 많은 이들에게도 책임의식

을 느끼게 한다. 즉, 결혼한 성인은 이러한 책임을 받아들이고 이행해야 하는 의무를 진다. 결혼을 함으로써 자유로운 성적 만족이나 무분별한 이성에의 관심을 자제하고, 배우자와의 관계에서 만족을 찾으며 상대를 존중하게 되고 가족을 위한 노동과 헌신을 기꺼이 받아들인다. 또한 나와 배우자 둘만이 아니라 그와 관계된 주변 이들에게까지 관심을 갖고 배려함으로써 조화로운 공동체를 형성할 수 있다.

우리 모두는 각자 자기만의 고유한 인생의 역사를 가지고 있고, 또 각기 다른 환경 속에서 모두 남다른 재능을 부여 받았다. 마찬가지로 판단력을 갖추고 공동감각을 키우며 진정 자신의 이성을 올바로 사용할 수 있는 시기 역시 동일하지 않다. 이는 누구나 자신에게 적합한 결혼의 자격을 갖추는 때가 적령기라고 하는 만인에게 공통적으로 적용되는 동일한 연령대와는 다를 수 있다는 것이다.

미혼자들이 자주 듣는 충고가 있다. '모든 것은 때가 있는 법이다.'라는 이야기이다. 이 조언은 통상적으로 미혼자들에게 결혼도 해야 할 절대적인 때가 있기에, 더 늦게 결혼하는 것은 바람직한 일이 아니라는 압박으로 다가온다. 하지만 이 조언은 앞서 언급한 결혼의 자격에 비추어 생각해본다면 오히려 미혼자들에게 위안이 되는 조언이 되기도 한다. 모든 것에 있는 그 '때'라는 것은 모든 사람에게 동일하게 적용되는 절대적인 시기가 아닐 수 있기 때문이다. 한 사람의 인생에 있어 고생이 끝나는 때나 인생의 황금기가 찾아오는 때가 모두 다르듯, 모든 문제에는 절대적인 때가 아닌 그 사람에게만 맞는 때가 있다. 자기 자신조차 제대로 돌보기 버거운 이들이 그저 나이가 되고 혼기가 찼다 하여 결혼을 하게 되었을 때 행복하고 긍정적인 결과로 이어지는 경우를 나는 매우 드물게 알고 있다.

자신의 이성을 올바로 사용하며 주체적인 삶을 사는 성인은 일관적인 삶의 모습을 보인다. 반대로 나이만 성년인 이들은 그때 그때의 여건이나 이익에 따라 크게 영향 받게 되고 판단력을 상실했기에 삶에 일관성이 없다. '나'라는 주체성의 자리를 다른 외부적인 것들이 대신 차지하고 있다. 실제로 우리가 하는 수많은 생각은 나 자신의 고유한 사유의 산물이 아닌 대중, 미디어, 타인이 제공한 생각들로써 우리는 그저 그 생각들을 가져다 쓰고 있다. 그럼에도 불구하고 이렇게 매 순간 생각을 표절하고 있다는 점을 인지하지 못한 채 늘 자신은 누구보다 생각이 많고 깊다고 착각하는 이들도 많다. 내 것이 아닌 생각은 절대 일관될 수 없고 주체적일 수도 없다. 아리스토텔레스는 자신의 사고력으로 일을 수행하는 사람을 최고의 행위를 하는 사람이라고 평가하였다.[xxxvii]

보편적으로 사람은 어제 추구했던 것과 동일한 욕망을 오늘도 추구한다. 오늘 하는 생각은 어제 가졌던 생각과 약 90% 정도 비슷하다고 한다.[xxxviii] 특별히 사유하려 노력하지 않는 한 우리는 그저 생각되는 대로 살게 되고, 습관대로 행동하게 된다. 미혼의 문제도 마찬가지다. 많은 미혼자들이 상대를 찾는 기준, 결혼을 대하는 태도 등은 진정한 자기 것이라기보다는 주변 선배나 상사 또는 동료들의 조언이나 대화 속에서, 혹은 미디어나 주변 친지의 의견에 지대한 영향을 받아온 것일 수 있다.

이렇게 준비되지 않은 이들이 성급히 하는 결혼, 사유하지 않고 주체적이지 못한 이들의 결혼, 나이만 성년인 이들의 성급한 결혼에 대해 니체는 다음과 같이 경고한다.

> 그대들의 결혼. 그것이 나쁜 결합이 되지 않도록 유의하라! 그대들은 너무 빨리 결합한다. 그리하여 결혼의 파괴가 뒤따라온다! 왜곡된 결혼, 속이는 결혼보다는 차라리 결혼의 파괴가 낫다! 어느 여자가 나에게 이렇게 말했다. "물론 나는 결혼을 파괴했어요. 하지만 결혼이 먼저 나를 파괴했어요!" [xxxix]

결혼의 자격을 갖추지 못한 자들의 결혼은 서로의 구속으로 끝나버린다. 그들은 자신들의 결핍된 부분을 상대에게서 채우려 하게 되기 때문이다. 그래서 니체는 좋은 결혼이란 먼저 자기 자신의 몸과 영혼을 반듯이 세운 이들이 서로를 좋은 친구로서 계속 사랑하게 되는 결혼이라고 말한다. [xl] 사유하고 주체적인 모습을 지님으로써 서로를 존중하고 배려하는 우정과 같은 결혼이다.

3장

고독과 미혼

혼자라는 삶은 미혼자들이 가장 마음 쓰는 일 중의 하나이다. 특별히 결혼에 미련이 없는 이들이라 할지라도 평생 홀로 살다가 죽는 순간조차 홀로 있게 될 것이라는 사실만큼은 떠올리고 싶지 않은 부분이다. 미혼인 채로 점점 시간이 흐르다 보면, 어느새 나와 시간을 함께 보내고 대화하던 친구들이 하나 둘씩 떠나가는 것을 보며 외로움을 느끼게 된다. '설마 저 친구만큼은' 하며 위로를 받았건만, 그 친구마저 내 곁을 떠나갈 때엔 '정말 이러다가 평생 혼자 사는 것 아닐까' 라는 걱정을 한번쯤은 해보게 된다.

2012년 통계청에서 실시한 사회조사에 따르면, 미혼 여성들은 자살 충동의 경험여부를 묻는 항목에서 '경험이 있다'란 답변에 13.1%를 기록했다. 이는 기혼 여성의 9.3%보다 약 3.8%가량 높은 수치이다. 그러한 자살충동의 원인으로 20~30대 미혼 여성들일 경우 '경제적 어려움' 다음으로 '외로움'과 '고독'의 문제를 지목하였다. 기혼 여성의 경우 '경제적 어려움', '가정 불화', '질환 및 장애' 다음으로 '외로움 및 고독'이 순위를 차지한다는 사실로 미루어보아 미혼자들에게 홀로 있다는 것이 상당한 부담이 된다는 사실을 짐작할 수 있다. 따라서 '혼자'라는 주제에 대한 올바른 이해는 미혼자들에게 필수적인 부분이라 할 수 있다.

혼자 있는 시간을 그저 힘들고 외로운 시간으로만 간주하게 되면, 나 자신과 마주하는 삶보다 타인과 만나고 함께 시간을 보내는 삶을 더 우선적이고 중요하다고 받아들이게 된다. 타인과의 만남과 관계가 더 우선하고 중요해진다면, 홀로 있음은 단지 부정적인 일로 전락하고 만다. 그러한 삶은 나 자신이 부재한 삶이고 늘 어딘가에 의존하는 삶이다. 타인과의 만남이 중요하지 않다는 것이 아니라 나라는 존재가 근본적으로 혼자라는 사실을 받아들이고 홀로서기를 할 수 있어야 삶의 다른 모든 면이 비로소 활력을 얻는다는 사실을 이해할 필요가 있다는 것이다.

홀로 있음의 진정한 가치를 살펴보기 위해서는 반드시 고독에 대해 생각해보아야 한다. 고독은 타인이 아닌 나 자신과 만나는 일이며 사유하는 데 있어 반드시 거쳐야 할 본질적인 과정이다. 레비나스는 육체를 통해 시간과 공간이라는 이 세계에 들어선 존재자, 즉 인간은 유한한 삶 속에서 누구나 고독이라는 숙명에 마주쳐야만 한다고 하였다. 고독이 동반되지 않는 사랑은 늘 부족함을 느끼는 사랑이고, 고독이 전제되지 않은 사유는 더 온전해질 수 없다. 우리의 삶에는 모든 것들이 풍요롭게 주어지지 않으며, 내 곁을 지켜줄 타인이 늘 존재할 수 있는 것도 아니다. 우리는 그렇게 불완전한 삶 속에 놓여 있다. 이 불완전한 삶 속에서 홀로 있음이 문제되지 않고 오히려 즐거울 수 있다면, 우리는 무엇을 하든 또 어떤 상황에 처하든 행복을 느낄 수 있다.

주변에서 미혼자들에게 결혼의 필요성에 대해 강조하는 대표적인 이유 중의 하나는 젊은 지금이야 괜찮더라도 추후 늙어서 홀로 지낼 때가 되면 혼자임을 후회하게 된다는 것이다. 더불어 그렇게 나이 들어 홀로 쓸쓸하게 지내는 주변 이들이 참 안쓰럽고 딱해 보인다는 의견도 잊지 않는다. 하지만 홀로 지낸다는 것이 과연 그렇게만 평가 받아야 하는가? 홀로 있는 자신과 미래에 대해 막연한 염려를 하기 전에 진정한 고독의 의미에 대해 살펴보자.

♥ 홀로 있음의 다양한 개념들

조용히 혼자 있는 시간을 제대로 가져 본 이들이라면, 혼자 있는 시간을 가지는 일이 쉽지 않다는 사실을 알고 있을 것이다. 혼자 조용히 있다 보면 많은 생각과 기억이 엄습하며 때론 불편한 것들이 떠올라 자신을 힘들게 하기도 한다. 이렇게 혼자 있는 시간 속에서 다양한 나의 감정과 모습을 대면하게 된다. 마찬가지로 홀로 있음을 설명하는 다양한 개념들이 있다. 고립, 소외, 외로움, 고독 등… 특히 우리는 고립, 소외, 외로움 등을 고독과 비슷한 개념으로 혼동할 때가 많다. 이들 모두는 '홀로 있음'의 의미를 공유하고 있는 것이 사실이지만, 조금씩 서로 다른 '있음'을 표현하고 있다. 이들이 각각 어떤 의미를 가지며, 가장 중요하게는 고독과 어떤 점이 다른지 명확히 하는 것은 홀로 있음에 대한 명확한 인식을 갖는데 도움이 된다. 또한 자기 자신은 현재 어떤 홀로 있음에 처해 있는지, 그리고 그 동안 그에 대해 어떤 편견을 가지고 있었는지 생각하게 해준다.

먼저, 고립과 소외에 대한 심리적 맥락을 살펴보자. 이 둘은 사전적으로 상당히 유사한 개념이며 아무 구별 없이 흔히 사용된다. 하지만 잘 살펴보면 이 둘 사이에는 작지만 무시할 수 없는 차이점이 있다.

고립은 사전적으로 '내가 타인과 사귀거나 어울리지 못해 외톨이가 된 상태[xli]를 뜻한다. 그러므로 고립은 타인이나 세상이 나를 배척하고 따돌리는 직접적인 원인이 나로부터 비롯된 상태이다. 타인이 이해하기 힘들고 공감해주기 힘든 내 위주의 주장과 독선적인 면모가 타인과 제대로 소통할 수 없도록 하고 사귀기 힘들게 함으로써 스스로 외톨이가 되는 것이다. 혼자 너무 잘났다고 생각하는 이는 타인에 대한 배려나 그들과 공감하려는 노력이 부족하고, 따라서 스스로를 고립시킨다. 인류 역사에서 독재자나 독선적인 지도자들은 모두 주변으로부터 고립되어 자기만의 완고한 세계를 가졌다.

이러한 고립의 개념은 단어의 유래에서도 확인된다. 운송수단이 잘 발달되지 않았던 과거 시대에는 섬사람들이 내륙의 사람들과 확연히 다른 자기들만의 방식으로 살았고, 그래서 내륙 사람들은 그들에게서 차이 혹은 이질감을 느꼈다. 섬을 뜻하는 단어 'insular'는 라틴어 'insularis'에서 유래되었고, 이 단어에는 섬이란 뜻 이외에 '편협한', '편견을 가진'의 뜻이 있다. 이는 다른 내륙과 상호교류가 끊겨 고립된 섬이라는 관념에서 비롯되었다고 한다.[xlii]

한나 아렌트 역시 홀로 있음의 첫 번째 형태로 고립을 꼽았다.[xliii] 그녀는 사람들이 공동의 관심사를 추구하면서 함께 행동하는 정치적 영역이 파괴되었거나 부재할 때 생기는 곤경을 고립으로 보았다. 공동의 영역이 파괴된 고립 속으로 빠져들면 들수록 점점 자신의 세계는 더 파편화되고 부정적인 감정들에 노출된다. 따라서 고립은 타인과의 공감대를 형성하기 위한 노력이 필요하고 스스로 타인과의 공동 영역을 마련하기 위한 노력이 요구된다. 타인과 공통적으로 느낄 수 있는 감각들을 살림으로써 고립으로부터 벗어날 수 있다.

반면, 소외는 '어떤 무리에서 꺼리며 따돌림 혹은 멀리함'을 뜻한다.[xliv] 사전적 의미의 측면에서 볼 때 소외와 고립의 개념 사이에 놓여진 작지만 매우 중요한 차이점이 있다. 바로 소외는 고립과 달리 나의 성격이나 편견과 상관없이 무리에 의해 따돌려진 홀로 있음이라는 점이다.[20] 즉, 고립이 내가 홀로 있음의 직접적이고 능동적인 원인을 제공한다면, 소외는 보다 간접적이고 수동적인 원인을 갖는다. 사랑이 결핍되고 사유가 부족한 현대 사회에서 가장 주목하는 개념이 바로 소외이다. 가진 것 없는 빈곤 계층, 상처받는 아이들, 힘없는 약자들은 소외되고 '왕따'가 된다. 또한 감정적으로 메마른 사회를 살고 있는 많은 이들이 자기 스스로를 자신으로부터 소외시키기도 하는 것이 현실이기도 하다.

이 소외의 개념은 철학사에서 매우 심도 있게 다루어진 개념이다. 소외에 대한 여러 철학적 논의 중 인간의 '자기 소외'는 미혼자들이 살펴볼 가치가 있다. 자기 소외란 자신의 활동이나 선택 등을 자기 자신이 결정하지 못하고 자기 외부적 요인에 의해 강제적으로 하게 되는 상태이다. 다시 말하자면, 인간이 자기 자신으로부터 제외되어 있는 상태이며 이로 인해 타인과의 관계 또한 왜곡된 상태이다.[xlv] 따라서 자기가 자신과 심각히 분리되어 있는 상태이다.

철학자 마르크스는 노동의 측면에서 소외를 이야기하였다. 마르크스는 노동을 인간의 본질적인 자기 창조 행위이자 자기 실현의 행위로 보았다. 그러나 분업화된 산업구조 속에서 노동을 하

---

20) 이러한 고립과 소외의 차이점은 고립을 뜻하는 isolation은 타인과 거리를 둔, 즉 분리된 외로운 상태이고 소외인 alienation은 타의적으로 격리된 외로운 상태이다.

는 우리는 자신의 노동을 더 이상 자기 실현이나 창조의 수단이 아닌 생계수단으로 대하게 되었다. 오늘날은 과거처럼 자신이 노동하거나 참여하여 생산한 상품을 자신이 직접 가지는 시대가 아니다. 자본과 노동의 확연한 분리로 인해 자기 노동의 산물을 돈을 주고 사야 한다. 이렇게 인간은 노동이라는 자기실현과 창조의 과정에서 배제됨으로써 스스로 자기 본연의 모습으로부터 소외된다.

또한 철학자 포이어 바흐는 종교에서의 자기 소외를 이야기한다. 그는 인간이 본래 스스로 신성함을 가진 존재였으나, 종교에서는 그 신성함을 자기 자신 내부가 아닌 외부에서 찾고 숭배하고 대상화하기 시작하면서 그 대상에 종속되는 자기 소외가 발생했다고 비판한다.

외로움은 위의 두 개념보다는 조금 더 고독을 닮았다. 외로움은 친구나 이야기 나눌 대상이 없어 느끼는 쓸쓸한 마음 혹은 불행한 감정을 뜻한다.[xlvi] 이 외로움은 꼭 내가 홀로 있기 때문에 느끼는 상태는 아닐 수 있다. 우리는 여러 친구나 무리 혹은 대중 속에 있을 때에도 외로움을 느낄 수 있다. 타인과 충분히 대화하고 관계를 맺지만 그럼에도 불구하고 외로울 수 있다. 자신의 속마음을 솔직히 터 놓고 진솔한 대화를 할 수 없거나 진정한 내 생각을 제대로 공유할 이가 없다면, 곁에 있는 타인의 존재 유무와 상관없이 혹로 있음을 느끼며 쓸쓸함과 적막함을 떠올리게 된다. 이 세상에서 진정 나를 이해해주는 이는 없다는 생각이 들며 오직 나 혼자라는 우울한 생각을 떨치기 힘들다.

실제로 그렇다. 가끔씩 많은 대중에 둘러싸인 스타가 외로움을 느끼고, 그 외로움이 심각한 내면의 불안정한 상태로 발전하는 모습을 본다. 결혼을 해도 부부 사이에서 또는 가족 사이에서 외로움을 느끼는 이들도 있다. 특히 가족을 위해 헌신을 다한 여성들이 중년에 들어 외로움을 느끼고, 그로 인해 심적 어려움을 호소하기도 한다. 외로움을 느끼는 이들은 자신이 타인이나 세상으로부터 이해 받지 못하거나 인정받지 못하고 있다고 생각한다. 나아가 세상에 혹은 자기 주변 환경 속에 자신이 제대로 속해 있지 못하다고 생각하기 쉽다.

지금까지 살펴본 세 가지의 홀로 있음의 개념 모두는 부정적으로 다가온다. 이러한 홀로 있음을 느끼는 이라면 당연히 불편하고 불안하며 그런 현실에서 도피하고 싶은 마음이 생길 수 있다. 이는 진정한 홀로 있음이 아니다.

💗 홀로서기와 고독

　　　　고독(solitude)의 사전적 정의는 '혼자 있는 상태로서 특히 평화롭고 즐겁게 홀로 있는 상태[21]'이다.[xlvii] 따라서 외로움과 달리 고독에서는 혼자 있지만 쓸쓸하고 불행한 것이 아니라 만족스럽고 즐거운 감정이 느껴진다. 그래서 한나 아렌트는 고립이나 외로움을 극복할 수 있는 방안으로 고독을 제시한다. 내 삶 속에 일어나는 일들과 생각들은 모두 나의 의식이 겪는 체험이며 느낌으로, 나 자신과 대화 나누는 일은 매우 중요하다. 그녀는 이렇게 나 자신과 이야기 나누는 침묵의 대화를 고독이라고 하였다.[xlviii] 고독은 나와 내 자신이 교제하는 실존적인 상태로써 자신의 내면을 찬찬히 들여다 보고, 또 내면과 질문하고 대답을 주고 받는 일이다. 그럼으로써 점점 자신에 대해 알아가고 내면과 자기 사이의 거리를 가깝게 하며 진정한 주체성에 다가가게 된다.

　정신분석학자이자 실존주의 상담사인 어빈 얄롬은 인간의 소외를 세가지로 분류했는데, 이 중 '실존적 소외'에 대해 많은 이야기를 하였다. 이는 인간이 마주칠 수 밖에 없는 근원적인 소외로

---

21)　solitude: the state of being alone, especially when this is peaceful and pleasant
　＊고립, 소외, 외로움의 개념과 달리 고독에 대한 의미는 우리나라와 영어권 문화간에 사뭇 대조되고 있다. 국어사전을 살펴보면 고독(孤獨)이란 '쓸쓸하고 외로움', '세상에 홀로 떨어져 있듯이 매우 외롭고 쓸쓸함' 등의 의미를 가지며 결국 외로움과 큰 차이가 없다. 고독의 의미를 받아들이는 이러한 두 문화간의 차이는 매우 흥미로우며 그 배경과 이유를 연구해볼 만한 가치가 있다고 생각한다

써 타인과의 교제가 만족스럽고 성숙한 개인에게서도 여전히 존재하는 소외이다.[xlix] 이 실존적 소외는 고독에 가깝다. 이는 결국 자신과 타인 간에는 완전히 똑같은 하나 될 수 없는 간격이 있다는 사실과, 결국 인간은 홀로 세상에 존재한다는 사실을 받아들여야 한다는 사실을 함축하고 있다.

결혼을 한다고 해서 이 실존적 소외가 해결될 수 있을까? 결혼을 했고 아무리 행복한 관계를 맺는 부부가 되어도 결국엔 혼자가 되어야 한다. 아이들이 있다면 문제가 없을까? 아이들이 홀로 남겨진 나를 늘 끔찍이 챙겨주어야 한다고 하는 게 옳다고 생각할 수만은 없다. 아이들은 그들 나름의 자기 삶을 살아야 한다. 고독을 수용하지 못하면 아이들을 키우며 들인 정성과 헌신에 대해 보상받고자 하는 마음이 생기고, 나의 미래에 아이들이 그만큼 나를 챙기고 위해주어야 한다는 생각이 들게 된다. 내 아이이기에 그냥 사랑스런 존재를 키우는 것만으로도 기쁜 일임이 되지 않고, 내 미래에 곁에 있어줄 누군가로 받아들임으로써 그들이 자신의 삶을 찾아가고 독립하는 모습을 보며 상처받게 되기도 한다.

고독이 전제되지 않는다면 결국 어떤 삶의 조건이 갖추어져도 행복할 수 없고, 늘 무엇인가를 갈구하고 다른 대상에 얽매이게 된다. 고독에 참여할 줄 아는 사람만이 자신에게 진정 관심을 가질 줄 안다. 그리하여 이러저러한 것들에 관계없이 스스로의 삶을 가꾸어 나가는 홀로서기를 할 수 있다.

싱글의 철학

내담자 참 남자들은 여자와 다른 것 같아요.

상담사 무슨 뜻이죠?

내담자 남자들은 처음 사귀기 전이나 사귀게 된 직 후 또는 청혼 전에는 환심을 사려고 온갖 선물을 하고 헌신적으로 대하려 노력해요.

상담사 그게 무슨 문제가 있나요?

내담자 그런데 막상 좀 지나고 또 결혼 생활이 지속되면 점점 처음 그렇게 잘해주었을 때 와는 다르게 되잖아요.

상담사 어떻게 다르죠?

내담자 예를 들면 만났다가 헤어질 때 매일 집에 바래다 주던 남자 친구가 좀 오래 사귀게 되면 바래다 주지 않게 된다던가. 결혼 전에는 이것저것 선물 공세를 하고 좋은 식당도 데려갔는데 결혼 하고 얼마 지나지 않아 그러한 노력이 없어져요. 심지어는 생일이나 결혼기념일도 잊어버리게 되고…. 연애할 때에는 그보다 훨씬 더한 것도 챙기던 이가…….

상담사 왜 그렇다고 생각하세요?

내담자 처음 다가올 때보다 자기 여자에 대해 흥미가 떨어졌기 때문 아닐까요? 그래서 다른 여성에게 더 관심이 가게 되고… 바람도 피게 되고… 정작 자기에게 중요한 조강지처를 잊어버리게 된다는….

상담사 모든 남자가 다 그런 것은 아니지 않나요?

내담자 아니요. 저는 남자는 다 똑같다고 생각해요.

상담사 왜죠?

내담자 남자란 다 비슷하니까요. 그래서 전 여자가 제대로 남자에게 내섭받고 누릴 수 있는 때는 아직 남자와 결혼하지 않았을 때, 혹은 연애로 따지면 연애초기라고 생각하기 때문에 그때라도 정말 대접을 잘 받아야 한다고 생각해요. 정말 그때 아니면 다시 못 받을 수 있으니까.

상담사 흠. 그럼 본인은 남자가 헌신하고 대접해주려 할 때만 행복을 느끼나요?

내담자 무슨 말을 하고 싶은 것인지….

상담자 꼭 남자가 무엇을 안 해주어도 혼자 스스로 행복할 수 있는 방법도 많지 않을까 해서요.

내담자 물론 그렇기는 한데, 제 말은 자기가 사랑하는 사람이 있는데 그 사람이 제 행복과 무관할 수는 없지요. 특히 여자는 남자보다 더 그렇잖아요.

상담사 네. 그런데 사랑하는 사람이 내 행복과 연관이 있는 것과 나 혼자서도 행복한 것들을 찾을 수 있는 것은 서로 별개의 이야기가 될 수 있다는 생각을 해 본적은 없나요?

고독을 수용하게 되면 여유가 생기며 그 동안 보이지 않던 삶의 참된 면들이 보이기 시작한다. 반대로 고독을 부정적인 것으로 보고 회피하려 하면 할수록 극단적으로 사고하고 삶을 이분법적으로 보게 된다. '저 사람이 이것을 해주지 않으면 나를 사랑하지 않는다는 뜻이야', '저 사람이 이런 행동을 하다니 이것은 나를 무시하는 처사야', '내가 이런 일을 하게 되다니 나는 정말 나쁜 놈이군', '이런 일은 좀 무능하고 부족한 사람들이나 하는 일인걸'….

고독을 받아들이지 못하면 이러한 생각 속으로 빠지기 쉽다. 그 이유는 혼자서도 떳떳하고 행복할 수 있음을 아직 이해하지 못하였고, 또 이해했다고 스스로 생각해도 현실에서 내가 받아들이는 단계까지는 도달하지 못했기 때문이다. 근본적으로 홀로 세상을 직면하는 데 문제가 없다면 어떤 도그마나 구속에서도 벗어날 수 있게 되고, 그만큼 자기에게 맞는 한가지 측면 외에도 다른 측면도 있음을 생각해보고 삶의 다양한 면을 수용할 수 있게 된다.

위 내담자가 고독에 대해 잘 이해하는 이였다면, 스스로에게 다음과 같은 핵심적인 질문을 했을 것이다. '나의 행복 여부가 남자가 어떻게 나에게 해주냐에 따라 심각히 영향을 받는다는 것은 옳은 일일까? 그 남자가 나를 사랑하지 않는다거나 혹은 헤어지자고 한 것도 아닌데…' 이렇게 근본적인 관계의 문제가 아닌 일시적이고 표면적인 문제나 생각에 의해서 자신의 인생을 타인이 좌지우지 하도록 내버려 두는 것이 옳은 것인지 생각해볼 수 있었을 것이다. 자신의 행복을 타인의 손에, 즉 바래다 주거나 생일을 챙겨주는 것들에 초점을 맞춘다면 내 행복은 그들의 행동에 따라 결정되는 것으로, 상당히 가변적일 것이며 불안하고 단기적인 것이 될 것이다.

고독은 타인에게 내 인생을 결정짓거나 좌지우지 하지 않도록 하며 스스로 행복할 수 있다는 통찰을 준다. 자기 자신이 홀로 존재한다는 사실보다 타인과의 관계에서 인정을 찾고 위안을 받으려 하고 그 속에서 자신의 존재함을 느끼려 하면 할수록 오히려 그러한 안정과 위안을 받기 더 어렵게 된다. 그들이 부족하게 해주어서가 아니라 그들이 해주는 것들에 대해 여전히 나의 마음에서는 부족하다 느끼게 될 것이며 그만큼 더 그들에게 더 매이게 되니까. 고독을 긍정적으로 수용하여 타인과의 관계에서보다 나와의 관계에서 우선 만족하고 행복할 때 더 성숙된 삶을 살 수 있다. 그리고 이는 오히려 만족스런 타인과의 관계를 형성하는 데 밑거름이 된다.

레비나스는 인간이 자신이 존재한다는 사실에 책임지는 일을 홀로서는 일(hypotase) 이라고 정의했다.[1] 그리고 홀로서는 일은 바로 고독과 관계된다고 하였다. 인간은 자기가 이 삶에 존재한다는 사실을 인식하고 자기 존재의 책임을 느끼며 자유롭게 판단하고 스스로 결정하며 온전한 존재자[22]로 거듭나야 한다. 이것이 가능하려면 고독이 전제되어야 한다. 홀로 있는다는 것은 내 삶 속에서 타인을 상실했다던가, 타인과의 관계가 결핍되어 있다는 것과 같은 비극적인 결말과는 상관없는 것이다.

고독은 내가 더 성숙되는 과정에서 반드시 지나쳐야 하는 일이다. 홀로 있음을 외로움이 아닌 자기 성숙, 즉 홀로서기의 의미로 받아들여야 한다. 고독을 받아들이지 못한다면 어느 한계 이상

---

22) 레비나스는 이를 존재에 대한 존재자의 지배라고 한다.
  *참고 : 엠마뉴엘 레비나스 『시간과 타자』(강영안 역, 제1판, 문예출판사, 서울, 1996), 51쪽

싱글의
철학

으로 성숙할 수 없고, 늘 타인이나 외부적인 것들에 얽매이게 된다. 세상에 존재하는 모든 것들은 다 홀로 나왔고 홀로 존재하다가 홀로 사라진다. 내면 깊숙이 고독을 진정으로 받아들일 때, 우리는 나 자신으로부터 거리를 두고 보다 제대로 나 자신을 살피게 되고 이해하게 된다. 그리하여 나라는 존재 본연의 주체성을 드러내는 삶을 살 수 있다.

♥ 고독의 두 얼굴, 고통과 자유

　　　　잔인하기만 하고 죄수들을 교화하는 데 효과가 적은 태형이나 사형과 같은 처벌 대신, 죄수를 격리된 상태에서 혼자 성경을 읽고 생각하게 함으로써 회개하고 정신을 고양시키기 위해 나온 방책이 감옥이라고 한다. 이는 본래 조용히 혼자서 신을 사유하고 대면하는 수도원의 방식을 모방한 것으로, 죄수도 격리를 통해 홀로 자신의 양심을 돌아보고 죄책감을 가지게 하여 행동을 교정하려는 취지였다. 그런데 독방에 투옥된 죄수들 중 많은 이들이 불안, 불면, 집중력 저하, 피로감 같은 고통을 호소하는 일이 잦았다고 한다.[ii] 홀로 있다는 것은 내면의 충분한 준비와 성숙을 요구하는 일이다.

감정적으로 힘든 일을 겪게 되었을 때 우리는 일부러 바쁜 상

황을 만들거나 다른 사람들과 많은 시간을 함께 보내도록 만듦
으로써 몸과 마음을 바쁘고 지치게 만든다. 그렇게 하여 기억해
내기 불편한 감정이나 일을 강제적으로 떠오르지 못하게 한다.
하지만 그렇다고 해서 존재하는 감정과 기억이 내 안에서 해결
되고 있음을 의미하지는 않는다. 바쁜 일이 끝나고 나면 그러한
감정은 다시 나를 찾아오고 그 문제에 직면하도록 하니까. 마찬
가지로 누군가와 함께 있고 대화하는 시간에서는 우리의 마음과
정신이 집중해야 할 다른 대상과 주제가 주어져 있으므로 편안
하고 자연스럽다고 여기게 된다. 그러나 혼자 있는 시간이 주어
지면 일상에서 또 타인과의 만남 속에서는 알아차리기 힘든, 또
는 덮어두었던 복합적인 감정이 다시 일어나면서 복잡한 내면의
상태에 직면하게 된다. 그 동안 직면하지 못하고 해결하지 못한
감정과 기억이 많은 이일수록 혼자 있는 시간은 매우 어려운 일
이 된다.

 고독을 받아들이고 홀로 서는 과정은 분명 고통과 시련을 동
반한다. 이는 일종의 성장통과 같은 것이다. 다음은 매우 폭넓은
대인관계를 유지하고 있었으며 주변에서의 평판도 매우 좋고 경
제적으로도 여유가 있는, 겉으로 볼 때 아무 문제없어 보이는 여
성과의 대화이다. 그러나 그녀는 겉으로 내색하지는 않지만 일상
에서 우울감과 불안감으로 어려움을 겪고 있었고, 매우 힘들 때
면 정신과 약을 때때로 복용하기도 하였다.

내담자 전 집에 있으면 자꾸 나가고 싶고 가만히 집에 있기가 힘들어요. 누구라도 만나야 되고 그들을 만나면 그때 마음이 놓여요.

상담사 왜 집에 있으면 힘들죠?

내담자 이유는 잘 모르겠어요. 그냥 집에 혼자 있게 되면 많이 불편해지면서 갑자기 누구라도 만나야 살 것 같고 그래서 전화기를 잡고 살아요. 약속을 잡고 만나려고….

상담사 그럼 누군가를 만나게 되면 많이 편한가요?

내담자 네. 정말 편해요.

상담사 혹시 집에 혼자 있을 때 말고 다른 때도 힘들거나 불편할 때가 있나요?

내담자 네 있어요.

상담사 언제죠?

내담자 부모님이 돌아가시고 언젠가 나 혼자 세상에 남게 된다는 생각이 들 때요. 그 땐 더욱 심하게 불안해져요.

상담사 왜 그렇죠?

내담자 그땐 지금보다 더 철저히 혼자가 될 테니까요.

상담사 네.. 그런데 누구나 다 세상에 결국 혼자 남는 것 아닌가요?

내담자 결혼을 하면 그렇지 않잖아요. 아니, 결혼해서 애를 낳으면….

상담사 그럼 결혼해서 아이가 있으면 나중에 본인을 꼭 챙겨준다는 보장은 있나요? 요즘 뉴스에 보면 부모 안 챙겨주는 자식들이 더 많은 것 같은데….

내담자 저는 저희 부모님이 제게 했듯 자식들을 사랑으로 대해줄 거예요. 훗날 나를 챙겨줄지 안 챙겨줄지는 그때 가봐야 아는 것이긴 하지만….

상담사 그럼 나중에 나이가 들면 자녀들과 같이 살아야 한다고 생각하세요?

내담자 그렇다기 보다는 그냥 나 혼자 있는데 몸이라도 어디 고장 나거나 불편해지면 정말 어떻게 하나 생각이 들고. 그런 생각에 미치게 되면 갑자기 불편해지면서 안절부절 못하게 돼요.

상담사 어떻게 불편해지죠?

내담자 심장이 두근 두근거리며 쿵쿵 뛰고 가만히 있으면 주체할 수 없을 정도로 힘들어져요…. 어떻게 될 것 같은… 그때 약을 먹으면 다시 좀 진정이 되지만.

　늘 손에서 전화기를 떼지 못하고 타인과 자신이 연결되어 있음을 확인하려 하는 내담자는 타인과의 유대관계 속에서 편안함을 느끼고, 그들에게 자신의 존재를 인정받는 것에 큰 의미를 둔다. 혼자 있는 시간을 불편해하고 차분히 자기만의 생각을 할 시간을 갖기 어려워한다. 하지만 홀로 있는 시간이 부재하고 자기 내면과 마주하는 시간이 적을수록 자기 본래의 모습대로 살기 어려워진다. 자기만의 생각과 인생관을 가지지 못하고 타인에게 더 의존하게 된다. 나아가 타인이 추구하는 가치나 관심을 마치 자신의 가치와 관심인양 동일시하게 된다. 점점 나라는 존재자가 홀로 있을 자리가 좁아진다.

사회정신분석학에서는 사랑하는 대상의 상실로 인한 우울증의 한 단면을 애착이론(attachment theory)으로 설명한다. 이에 따르면 바람직한 자아 존중과 건전한 호기심은 부모나 혹은 다른 타인과의 안정적인 애착관계에 달려있다. 안정적인 애착은 자신을 존중하고 삶의 안정적인 기반을 제공해주는 필수적인 요소이다. 하지만 사랑하는 대상과의 관계가 안정적이지 못한 이들이 그 대상을 상실하게 되었을 때에는 회복할 수 없는 슬픔 또는 우울증에 직면하게 된다. 즉 불안정한 애착 관계는 이별이나 사망과 같은 실질적인 상실보다는 올바르고 평탄하지 못한 관계에서 유발되는 것이라 설명한다.[iii] 이러한 불안정한 애착관계의 근본적인 문제는 홀로서기와 깊은 관계가 있다. 관계에 대한 맹목적 의존이 아닌 나 자신은 홀로 존재하고 또 할 수 있는 존재라는 사실을 받아들이고, 자신에 대한 존중감을 높이고 자신과 마주하려는 노력이 선행되어야만 타인과 안정적인 애착관계가 구축될 수 있다.

그러므로 우리는 진정 고독에 대해 진지하게 생각해 볼 기회를 가져야 한다. 특히 소중하다고 생각하는 이들에게 인정받지 못하거나 존중 받지 못한다는 생각에 자주 휩싸이거나 혼자 있을 때에 과도하게 불안하며 늘 어딘가에 소속되어 있을 때에만 안정감을 느낀다면, 고독은 일상적인 삶의 동반자가 되어야 한다는 점을 깊이 이해하려 노력해야 한다.

타인과 불안정한 관계 맺음을 하고 있는 상기 내담자와는 적지 않은 시간에 걸쳐 고독을 주제로 자유롭게 토론하였다. 고독을 이해하고 받아들이려 노력하는 만큼 혼자 자신의 문제나 삶을 직면해 나가려는 의지도 생긴다. 또 타인과 충분히 친밀한 관계가 형성되지 못했다는 생각에 불안감이 느껴질 때에도 이를 내면에서 이겨낼 힘이 생긴다. 물론 그만큼 그 과정에서 고통을 겪게 되는 것도 사실이지만, 이는 애벌레가 아름다운 나비가 되기 위해 껍질을 벗어버리는 고통을 감내하듯, 고독을 받아들이는 데 지나쳐야만 하는 어려운 과정이다.

내담자 요즘은 그런대로 집에 혼자 있어서도 견딜만해요. 그냥 TV를 보거나 집안일을 하면서….

상담사 듣던 중 반갑네요. 약은 얼마나 자주 드세요?

내담자 잘 안 먹어요. 요즘 같아서는 안 먹어도 될 것 같아요. 물론 장담할 수는 없지만….

상담사 친구나 주변 지인분들과는 자주 만나세요?

내담자 네. 그렇기는 한데 예전보다는 조금은 줄었어요.

상담사 왜죠?

내담자 그냥 때론 집에 있는 것이 조금 더 편해졌고 또…

상담사 또…?

내담자 가끔이지만 남들과 늘 함께 있는 게 조금은 편하지 않을 때도 있더군요.

상담사 왜 그렇죠?

내담자 예전에는 친구나 지인들이 나를 무시하건 아니면 이기적으로 굴던 상관없이 내가 상대에 맞추려고 하고 또 이해하려 했었어요. 그래야 내가 살 것 같았으니까요. 그래서 이것저것 안 따지고 만날 수 있었는데….

상담사 지금은 그럼 이것저것 따지게 되었다는 것인가요?.

내담자 그렇다기보다는… 얼마 전에는 한 지인이 자기가 잘못한 것 같은데 저에게 막 무어라 하더라고요. 항상 제가 받아주었으니까 그랬겠죠. 그런데 예전 같으면 그냥 좋은 게 좋은 거지 하고 넘어가고 이해해주려 했을 터인데… 갑자기 그게 안 되더라고요. 거기서 저도 따졌죠. 조금 힘들기는 했지만 그래도 이건 아니다 싶어서 그냥 '지금 누가 무엇을 잘못하는지 잘 모르겠다'라고 이야기했죠. 그러니까 조금 당황하는 모습을 보이더군요. 평소 다 받아주던 애가 갑자기 또박또박 잘잘못을 가리고 따지니까. 그런데 따지고 보면 자기가 너무 잘못한 부분이니까 그냥 얼굴이 빨개지고 무엇이라 말을 못하더라고요.

상담사 그렇군요. 그게 꼭 나쁘다는 생각이 들지 않네요. 물론 잠시 상대와 소원해질 수도 있겠지만…. 인간관계에 있어 서로가 존중 받고 지켜야 할 매너도 있는 것인데 전에 그런 것을 전혀 개의치 않고 무작정 상대에게 잘해주려고만 했다면 그것이 오히려 문제였을 수도 있어요. 오히려 이제야 말로 제대로 본인 자신을 마주하고 있다는 생각이 드는데요?

내담자 요즘 드는 생각이 '아 내가 너무 상대방에게 무조건 맞추려고만 했구나.' 물론 제가 심적으로 상대를 안보면 안 되는 상황이어서 그랬으니까 그랬겠지만… 하지만 요즘은 너무 아닌 것은 아니라는 생각이 분명히 들고, 너무 심하면 그런 상대는 안 보아도 된다는 생각까지 하게 돼요.. 그래서 가끔씩 나의 대인관계에 문제가 생기는 것은 아닌가라는 거정이 들기도 해요.

심리학자이자 사회학자인 에리히 프롬은 자유란 외부의 압박과 압력이 없는 것만을 의미하지 않는다고 한다. 고독을 받아들이지 못하는 이들은 타인과의 관계 속으로 맹목적으로 들어가고 그들에게 종속되려 하거나 복종하려 한다. 비록 외부의 압박이 없더라도 종종 우리는 주어진 자유를 포기하고 타인과의 유대관계나 군중 속으로 숨는다. 프롬은 그러한 자유의 포기와 개성의 은폐는 개인에게 직접 선택하고 책임을 지는 부담감에서 벗어나는 안정감을 제공한다고 한다. 반대로 그러한 부담감에 힘들더라도 자신이 자신에 의한 주도적인 삶을 살고자 하면, 결국 진정한 자유를 얻고 완전히 개성을 찾게 된다고 한다. 즉, 개인은 타인과의 관계로부터 해방되면 이 세계에서 스스로 나아갈 방향을 찾아 뿌리를 내려야 하고, 기존과는 다른 방식으로 안정감을 추구해야 할 필요성을 느끼게 된다.[liii] 에리히 프롬은 이렇게 인간이 하나의 개체화 되는 과정을 고독의 증대라 하였다.[liv]

프롬의 말에 따르면 우리에게는 두 가지 본성이 모두 있다. 고독을 회피하며 고통이 아닌 심리적 안정을 추구하는 것이 인간의 본성 중 하나이며, 다른 하나는 고통스럽더라도 자신의 개성을 찾고 주체성을 표현하려고 하는 본성이다. 타인에게 복종을 하며 자유를 포기하는 것과, 고독을 수용하고 자유롭고자 하려는 것 사이의 갈등은 우리의 삶 속에서 결코 제거되지 않는다. 그래서 고독을 받아들이는 과정은 그만큼 힘들고 고통을 수반한다.

하지만 당장의 안도감이나 만족을 추구하기 하기 위해 자신의 본 모습을 찾으려는 것을 포기하게 되면 추후 더 값비싼 대가를 치르게 된다. 고독을 마주하지 못해 자유로운 자기 모습을 찾지 못하고 자기 기만이나 자기 합리화에 빠져 사는 독단적인 이들이 있다. 또한 고독의 과정에서 주어지는 고통을 회피하는 데서 나타나는 다양한 도피 현상들이 존재한다. 쇼핑에 중독되는 이들, 과도하게 성에 집착하는 이들, 술이 없으면 하루도 살아가기 힘든 이들, 타인의 관계 부재에서 불안을 느끼며 늘 파티나 모임이 필요한 이들…….

레비나스는 인간이 자신의 고독을 완전히 실현하고자 할 때 존재와 관련되는 고통을 경험한다고 강조했다. 이 고통으로써 그는 불안, 권태, 불면, 부끄러움과 같은 현상을 언급한다. 고독을 수용하는 과정에서 고통이 필요한 것은 당연한 것이다. 마찬가지로 미혼자들이 미혼의 현실 속에서 현재와 앞날에 대해 불안함과 외로움을 느끼고 시련을 겪는 것 또한 당연한 일이다. 그러나 나와 나 자신과의 관계가 어느 정도 강한지, 또 나 자신이 누구인지를 결정해주는 요인이 무엇인지를 고통을 통해 체험한다는 레비나스의 지적[iv]은 이들이 되새겨 볼만한 가치가 있다. 고통과 시련이 크게 느껴지면 느껴질수록 그만큼 진정 나와의 관계가 두터워지고 진지해지려는 정도도 크다는 것을 알려주기 때문이다.

고독 속에서 나 자신에게 묻고 대답하며 마주해야 할 불편하고 고통스런 것들을 차분히 마주해가면서 점점 내 삶에 책임을 느끼게 된다. 이렇게 완전한 고독을 실현하기 전까지 우리는 반드시 자기 자신 내에 있는 이 고통의 현상들을 토해내어야 한다.

고독을 실현하게 되면 자유로워진다. 이것은 아무런 제약이 없는 자유가 아니다. 유한한 삶 속에서 우리는 그러한 자유를 가질 수 없다. 참된 자유란 그러한 제약이 있더라도 그러한 제약이 우리에게 걸림이 되지 않고, 오히려 우리의 판단과 선택에 지배당하는 것이다.[lvi] 내가 무엇을 하든 어떤 제약이나 얽매임에 의해 선택하는 것이 아니라 내 판단과 선택으로 하는 것이 자유로운 것이고, 이 자유로움이 자신의 환경이나 여건과 대립되고 마찰되지 않을 때 완벽한 자유로움이 된다.

미혼은 고독에 직면하고 자유를 찾을 수 있는 소중한 기회이다. 타인의 있고 없음이 문제가 아닌, 내 자신이 얼마나 내 인생과 나라는 본래의 것들에 대해 홀로 관계하느냐의 문제이다. 삶의 동반자를 만나는 결혼이 반드시 꽃다운 나이에 해야 하는 것이라 바라보는가? 아니라고 말한다면 당신은 이러한 사회적 편견 혹은 관계에서 자유로워졌다. 나의 기대 또는 내 수준 이상의 훌륭한 조건의 배우자를 만나야 한다고 생각하는가? 아니라고 말한다면 당신은 그러한 객관적 조건으로부터 자유로워졌다. 부모님과 모든 주변인들이 축복해주고 부러워하는 당당한 결혼이 되어야 된다고 생각하는가? 아니라고 말한다면 당신은 자기 자신과 맞지 않는 그저 좋은 조건의 배우자를 만나야 한다는 속박으로부터 자유로워졌다. 이렇게 자유는 한걸음씩 내 존재라는 것과는 동떨어진 삶의 장신구나 관계의 굴레들로부터 벗어나는 것이다.

♥ 고독과 관조

혼자 있는 시간을 잘 보낸다면 깊이 있는 삶을 위해 많은 것을 얻는다. 진정 내가 원하는 것들, 내가 해서는 안 되는 것들, 내가 잘하는 것들 등 나 자신에 대해 더 깊이 이해할 수 있게 될 뿐만 아니라 내게 닥친 일들, 내가 경험한 일들, 또 나를 둘러싼 주변의 여러 요소들이 내 삶에 어떤 의미를 주는지 더 정확히 인식할 수 있게 된다. 마치 미로 속에서 힌트를 발견하며 출구를 찾아나가듯 삶 속에서 나를 위한 단서들을 찾고 해석하게 된다. 혼자의 시간이 이렇게 의미 있는 시간이 되기 위해서는 고요히 내 자신과 세계에 대해 거리를 두고 구경하듯 관찰해 보아야 한다.

이는 자신의 내면에 떠오르는 생각이나 감정, 혹은 힘의 방향들을 주의 깊게 살피고 느끼며 인식하려 노력하는 것이다. 정신분석학의 거장 칼 융 역시 개성의 본질은 개인이 자기 정신 구조 속에서 자연스럽게 흘러가는 힘의 방향을 인식하고 인정할 때 나타난다고 하였다.[lvii] 홀로 있는 시간을 가져보고 또 잘 활용하는 것은 내 삶을 온전히 살 수 있는 좋은 원동력이 된다.

아리스토텔레스는『니코마코스 윤리학』에서 행복이야말로 인간의 가장 근원적인 목적이라고 설명하였다. 즐겁다는 것, 일을 한다는 것, 우정을 쌓는다는 것, 성공한다는 것 등 이렇게 우리가 흔히 삶의 목적이라 여기는 것들조차도 결국은 행복이라는 최종 목적을 얻기 위한 중간 과정에 지나지 않는다. 그렇다면 그가 말하는 행복이라는 최종 목적지는 어디일까? 그는 인간에게 가장 행복한 삶이란 바로 '관조(theoria)하는 삶'이라 지적한다.[lviii] 그가 말한 '관조'란 고요히 탐구하고 생각하는 일이다. 이는 생산적이거나 목적을 갖는 유용한 활동이 아니다. 의식주 문제를 해결하거나, 문명 생활에 도움이 되는 기능이나 기술적인 역량을 배양하는 일도 아니다. 관조는 그런 개념들과 결별한 정신적인 자유로움 속에서 삶의 원리나 본질, 진리 등을 관찰하고 탐구하는 일이다.[lix]

만물의 실체는 수(數)라고 주장한 피타고라스는 철학자이면서 종교집단의 교주이기도 하였다. 그는 가장 고차원적인 삶이란 관조하는 철학적 삶이라고 주장했다.

피타고라스는 인간의 삶을 올림픽 게임에 비유하면서 세 유형으로 나눈다. 게임을 직접 하는 사람, 구경하는 사람, 구경꾼을 대상으로 물건을 파는 장사꾼. 이 세 유형 중 그는 게임을 구경하는 사람이 가장 고차원적이고 철학적인 삶을 살고 있는 것이라고 강조한다.[ix] 그가 말한 구경꾼이란 삶 속에서 관조하는 이들이다. 관조활동은 육체적인 활동이 아니다. 관조는 어떤 활동적인 일을 하는 중에 제대로 이루어지지 않는다. 관조는 그것을 멈추고 고요해질 때 비로소 진행될 수 있다.

한나 아렌트는 사유한다는 것은 육체적인 활동을 멈추고 자신에게 말을 걸면서 시작된다고 하였다. 육체적으로 에너지가 소모되는 일을 할 때에는 나 자신에 대해 반성하고 삶을 반추해보는 일을 제대로 하기 어렵다. 제대로 관조하기 위해서는 육체적 활동을 멈추고 고요히 내 자신과 대화할 준비가 되어 있어야 한다. 이러한 관조는 혼자 생각하는 시간을 가질 때 비로소 가장 완벽히 수행할 수 있다.

올바로 관조할 때 우리는 자신이 어떻게 존재하고 있는지를 분명하게 느낄 수 있다. 본래 '존재하다'란 뜻의 단어 'exist'는 '밖으로'란 뜻 'ex-'와 '서다'란 뜻 'ist'이 결합된 단어로 '밖에 서다'란 뜻이다. 내가 존재하기 위해서는 나 자신과 거리를 두고 내 자아 밖에서 안을 보듯 바라볼 수 있어야 한다.[lxi] 그래야만 스스로에게 질문하고 대답하며 자기 내면과의 대화를 통해 자신만의 길을 찾아갈 수 있다.

삶이 성숙해지려면 반드시 고독이란 과정을 거쳐야 한다. 고독을 모르고 타인과 교류하는 것에만 몰두한다면, 자신이 아닌 그들과 세상의 관심이나 의견 등에 더 집중하게 된다. 내가 진정 바라는 관심이나 가치는 고독 속에서 내면을 관조하고 스스로 묻고 답하며 발견하게 된다. 『겐샤이』의 저자 케빈 홀은 다음의 힌두교의 전설을 소개한다.

한때 지상의 모든 인간은 신이었다. 그러나 인간들은 신적 능력을 너무 악용하고 죄를 지었다. 모든 신들의 신 브라흐마는 인간으로부터 신적 능력을 빼앗아 다시는 악용하지 못하도록 비밀의 장소에 숨기기로 결정했다.

다른 신들이 말했다.

"신적 능력을 땅 속 깊은 곳에 숨기자."

그러자 브라흐마 신이 말했다.

싱글의
철학

"안 된다. 인간들은 땅을 파내려 가서 그것을 발견할 것이다."

신들이 말했다.

"그렇다면 바다 깊은 곳에 가라앉히자."

브라흐마 신이 말했다.

"안 된다. 인간들은 어떻게든 잠수하는 법을 배워서 그것을 찾아낼 것이다."

신들이 또 말했다.

"그렇다면 가장 높은 산꼭대기에 숨기자."

브라흐마 신이 말했다.

"안 된다. 인간들은 언젠가는 지구의 모든 산에 올라가 신적 능력을 다시 손에 넣을 것이다."

그러자 몇몇 신들이 말했다.

"그렇다면 신적 능력을 어디에 숨겨야 인간들이 찾을 수 없을지 모르겠다."

그러자 브라흐마 신이 말했다.

"그것을 인간 자신의 내면에 숨기자. 인간은 결코 그곳을 찾아볼 생각을 하지 않을 것이다." [lxii]

　현대인들은 현실의 여러 이유로 자신의 내면과 대화하는 시간을 가지는 것에 소홀하다. 설령 혼자 있는 시간이 생겨도 좀처럼 관조하거나 나의 내면을 살피려 하지 않는다. 나를 찾겠다고 나서는 이들도 고요히 나와 대화하려 하기보다는 책이나 영화, 유명 강사의 강의, 여행 등에 우선적으로 의존하려 한다. 하지만 그러한 일 이전에 우선적으로 나 자신과 대화하고 관조하며 고독과 마주하려는 노력이 있어야 한다. 이는 어떠한 육체적인 활동보다 더 활동적이며 외롭지 않고 참된 즐거움을 경험할 수 있는 일이다.

고독은 미혼자들이 가질 수 있는 큰 특권이다. 혼자 있는 시간이 누구보다 많다는 것은 한편으로는 관조하고 고독을 수용할 수 있는 기회가 더 많이 주어졌다는 뜻이기도 하다. 미래학자 티머시 맥 세계미래회의 회장은 고등교육을 받고 고소득을 올리는 18세 이하의 자녀를 가진 30~40대 기혼자들이 시간 부족 현상에 특히 시달린다고 한다. 상대적으로 미혼자들은 그들보다 혼자서 가질 수 있는 시간이 넉넉해 보인다. 그들은 이 시간, 즉 고독을 즐겁게 수용해야만 한다. 혼자여도 즐겁고 편안함을 느끼며 사유하려 노력해야 한다. '고독의 위로'의 저자 앤서니 스토는 다음과 같이 말한다.

> 사람은 한평생을 살면서 전혀 다른 두 가지의 충동을 느낀다. 다른 이들을 사귀고 사랑을 나누는 등 어떤 방식으로든 다른 이들과 가까이 지내고 싶다는 충동이 그 한가지이고, 또 한가지는 독립적이고 개별적이며 독자적인 삶을 살고 싶다는 충동이다. [lxiii]

그는 뇌가 가장 좋은 상태로 기능하고 각자 최고의 잠재력을 발휘하려면 '혼자 있는 능력'이 필요하며, 이 능력이야말로 사유하게 만들고 삶에 혁신과 변화를 주며 상상이라는 내면 세계와 늘 접촉하게 하는 귀중한 자질로 보았다. 이러한 능력은 삶의 절정을 경험하는 능력이며 이 능력을 가지는 것은 다른 사람에게서부터, 어린 시절의 고통스런 기억으로부터, 또 구속과 의무로부터 자유로워지는 것에 달려 있다고 강조했다.[lxiv]

미국의 문학가 헨리 데이비드 소로우는 하버드 대학교를 졸업한 후 교직, 사업, 작가의 일을 하였으나 어느 하나 변변하게 성과를 내지 못하였다. 이러한 자신의 현실에 무력감과 자괴감을 느끼던 그는 자신이 꿈꾸던 생활을 해보기로 결정한다. 한적한 호숫가 월든에 작은 오두막을 짓고 그곳에서 자급자족하며 혼자 있는 시간을 보낸다. 그에게 월든 호숫가의 2년이란 시간은 인생의 큰 전환점이 되었다. 또한 정신적인 성숙을 이루어낸 계기가 되었다. 그는 홀로 있는 이 시간 속에서 모든 구속과 의무로부터 벗어나 명상하고 사유하며 고독과 마주했고, 그렇게 생애 최대의 역작『월든』을 집필했다.

오늘 우리는 자극범람의 시대를 살고 있다. 영화, 뉴스, 오락, 음악 등 모든 분야에서 수많은 자극들이 넘쳐난다. 우리 자신 또한 점점 더 자극에 익숙해지며 더 큰 자극을 추구하게 된다. 과도한 자극에의 노출은 우리로 하여금 권태를 느끼도록 만든다. 자극에 익숙한 이일수록 혼자 있는 시간이 주어졌을 때 권태노

심하게 느끼고 이를 견디기 힘들어한다. 예를 들어 자극에 익숙한 현대인들은 잠시라도 혼자 있는 시간이 주어지면 조용히 사색하기보다는 스마트폰을 뒤지며 무엇인가 흥미롭고 재미있는 것을 찾고 있지 않는가?

또한 우리는 시간기근의 시대를 살고 있다. 기술과 과학의 발달로 인해 새로운 정보들이 범람하고 사회 시스템은 복잡해 지면서, 개인은 쉼 없이 변화하는 주변환경에 적응해야 한다. 그만큼 자신에게 온전히 집중할만한 시간을 가지기 힘들다. 빡빡한 스케줄이나 업무로 시간을 쪼개고 또 쪼개어 쓰며 식사 할 때조차도 음식 맛을 느끼기도 전에 삼켜버린다. 미래학자 티머시 맥 회장은 현대인은 시간이 많이 투입되는 글쓰기나 명상보다는 스트레스를 단번에 날리기 위한 드라이브, 쇼핑에 대한 선호가 높아지고 있다고 한다. 이는 시간이 아까워 보다 많은 것을 하려다 보니 생기는 현상인데, 이럴수록 오히려 스트레스와 피로가 더 누적된다고 지적한다.[lxv]

버트런드 러셀은 이러한 피로와 신경의 긴장들이 불행의 원인이라고 한다. 피로나 스트레스는 표면적으로 자기 자신의 생활과 직접적인 관련이 없거나 중요하지 않다고 생각되는 일들에 대해서는, 아예 관심을 가지지 못하고 또 관조할 여유를 주지 않기 때문이다. 그는 사소하고 많은 일들에 시달려 휴식을 얻지 못하고 어떤 불안이나 걱정의 요소를 심게 된다고 한다. 그런 상태는 사람을 멍하게 만들고 초조하게 만드는 동시에 균형감각을 잃게 한다.[lxvi] 결론적으로 말해서 자극에 과도하게 노출되고 심신이 피로해질수록 관심과 열정은 시들고 흥미를 상실하게 되며, 삶은 더더욱 피로해지는 악순환이 된다.

철학상담가 랜라하브의 조언을 소개한다. 그는 관조의 핵심은 특정한 판단과 견해 등을 인위적으로 만들어 내거나 한 쪽으로 치우치는 누를 범하지 않는 것이라 지적한다. 자연히 흘러가고 떠오르는 것을 받아들이되 억지로 한 쪽 편을 들거나 어떤 인위적인 감정을 이입하거나 특별한 관점을 부여해서도 안 된다. 그저 너그러이 어떤 견해가 옳고 그름을 떠나서 모든 직관과 내 마음이 진정 들려주는 소리에 귀를 기울이고 환영해 주어야 한다. 이렇게 스스로에게 넓고 오픈 된 사유의 장을 마련해 주면서, 내게 다가오는 것들이 무엇을 의미하는지 편안하고 자연스럽게 관조해야 한다. 이러한 관조 속에서 비로소 그 동안 자신에 대해, 타인에 대해, 또 세상에 대해 쌓아온 경계들을 파악하고, 그로 인해 야기되는 문제들을 생각하게 됨으로써 한층 자유롭고 성숙된 자신을 만들어갈 토대를 쌓는다.[lxvii]

자, 고독과 관조의 중요성을 알았다. 그렇다면 이제 한가지 질문 혹은 의심이 들 것이다. 세상에서 그저 혼자 지내고 혼자 사유하며 지내는 것이 최고일까? 관조하고 고독을 즐기며 혼자 있는 삶이 최선인가?

💬 고독과 타인

　　니체의 역작 『차라투스트라는 이렇게 말했다』에서 주인공 차라투스트라는 깨달음을 얻기 위해 지상의 악덕들이 쉽게 오를 수 없는 매우 높은 곳에 위치한 동굴로 들어간다. 그는 그 곳에서 홀로 고독하게 사유하며 지혜를 얻는다. 마침내 충분히 깨달았다고 생각한 그는 자신의 깨달음을 공유하고자 하산하여 사람들과의 만남 속으로 들어간다. 이러한 사람들과의 교제 속에서 그는 자신의 부족한 면과 미처 몰랐던 새로운 사실들을 깨닫고, 다시 자신을 더 성숙시키기 위해 동굴의 삶이라는 고독을 택한다. 여기서 더욱 새로운 지혜를 얻고 한층 성숙해진 그는 다시 하산한다. 차라투스트라는 이렇게 하산과 등정을 반복하며 고독한 생활과 타인과의 관계 맺음을 반복한다. 그러면서 그는 점점 자신이 바라는 진정한 존재[23]로 거듭나게 된다.

　이 이야기는 고독의 중요성이 오직 고독 그 자체를 통한 자신의 성숙됨에 있는 것 만이 아닌, 타인들과 함께 더불어 잘 살아감에 있음이라는 사실을 잘 보여준다. 홀로 잘 살고 잘 지내기 위함이 아닌 일상의 삶 속에서 타인과 더불어 함께 잘 살아가기 위함이다. 고독은 홀로 있음에서 시작되지만 이는 역설적으로 반드시 삶과 타인을 전제한다.

---

23) 니체가 말한 진정한 존재란 초인, 즉 위버멘쉬(Übermensch)이다. 이는 늘 자기 자신을 극복하는 존재이며 자신과 세계를 긍정하고 스스로 삶의 의미를 완성하는 자기 삶의 주인인 주체적인 존재이다.

우리가 삶을 사는 이유는 나라는 존재의 모습을 처음 그대로 변하지 않고 계속 보존하기 위해서가 아니다. 나와 다른 타인과 만나고 그 과정에서 시행착오를 겪고 또 내게 없던 것, 내게 부족했던 것, 내가 필요했던 것 등 이질적인 요소들을 받아들이면서 더 새롭고 무한한 내 존재 모습으로 확장해 나가기 위한 것이다. 이렇게 성숙된 나의 주체성과 개성이 나타나기 위해서는 타인이 존재해야만 한다. 고독은 이러한 내 모습을 찾아가는 발판을 놓는 일이다. 다르고 새로운 것 속에서 우리는 온전히 내 모습을 찾기 위해 나라는 존재에 대해 사유하는 고독의 시간이 요구되는 것이다.

결혼은 더불어 사는 삶의 대표적인 사건이다. 결혼은 내 삶의 일부를 타인에게 내어주는 것이며, 나와는 전혀 다른 낯선 타인을 내 삶 깊숙이 받아들이는 일이다. 따라서 결혼을 하고자 한다면 먼저 나 홀로 설 수 있어야 한다. 그래야만 내 동반자, 아이, 주변 친지, 친구 및 동료들과 올바른 관계를 맺어가며 삶을 조화롭게 만들 수 있다. 혹 평생 독신의 삶을 원하는 이가 있다면 더욱 고독이 중요해진다. 그들은 혼자 있는 시간이 더 많을 것이며 그만큼 가족을 대신한 타인과의 바람직한 관계가 필요하기 때문이다. 이렇게 고독은 결혼 유무와 상관없이 그들에게 매우 중요한 일이다. 또한 결혼 유무가 타인의 유무를 결정짓는 것이 아니다. 배우자가 있던 홀로 살던 우리는 늘 타인들과 관계를 맺으며 살아야 한다고독을 경험하고 수용한 이들은 반드시 타인들의 세계로 돌아와 더욱 건강한 관계를 맺는다. 그리고 전보다 더 자유롭고 편안한 관계를 맺는다. 홀로 있다는 이유만으로 고립되거나 소외될 때, 그리고 심각한 외로움에 빠질 때 나다운 삶을 살 수 없으며, 나다운 삶을 살 수 없다면 타인과 올바로 함께 하는 삶도 기대할 수는 없다. 무조건 헌신하는 삶도, 또 무조건 타인과 대립하며 자기만을 주장하는 삶도 모두 타인 및 세상과 만족스럽지 않은 관계를 맺는 것이다. 그런 관계 속에서는 자신의 느낌이나 욕구에 솔직하지 못하고 억압하거나 내 것이 아닌 다른 것을 욕망하고 추구하게 된다. 내 자신이 이러하다면 주변에 있는 이들 역시도 함께 행복할 수 없다.

고독을 통해 자신의 내면에서 일어나는 힘들을 인지하고 그러한 과정을 지켜보고 자신을 이해할 수 있다면, 타인과의 관계에서 자신도 타인도 소외되지 않고 함께할 수 있는 감각을 갖추게 된다. 따라서 고독의 수용은 다른 사람들과 관계 맺고 상호 작용하는 데 있어 매우 중요한 일이다. 고독은 타인들로부터 도피하는 것과 아니라 오히려 타인을 향해 나아가는 자기 초월이다. 스스로 쌓은 경계를 초월하는 이가 될 때 진정 타인의 입장에서 생각할 수 있게 된다. 따라서 고독 뒤에는 어떤 형태와 방식으로든 타인과의 만남이 있어야만 한다. 한나 아렌트는 다음과 같이 자기 자신과 사는 것, 즉 고독과 타자와 함께 살아가는 방식에 대해 말한다.

소크라테스는 타자와 함께 사는 일은 자신과 함께 사는 것에서 시작한다는 방향으로 나아갔다. 소크라테스가 주는 교훈은 자기 자신과 더불어 살 줄 아는 사람만이 다른 사람들과 살아갈 수 있다는 것이다. [lxviii]

인류 진화의 측면에서 살펴보면 호모에렉투스, 오스트랄로피테쿠스, 네안데르탈인 등 여러 종이 지구상에 존재했었다. 그러나 지금까지 생존하고 있는 인류는 호모사피엔스이다. 호모사피엔스란 지혜로운 사람을 의미한다. 그럼 어떤 지혜가 호모사피엔스를 다른 종과 달리 현재까지 존재하는 유일한 종으로 만들었을까?

그 동안 많은 생물학자들은 다른 종들의 도태와 호모사피엔스만의 생존을 생물학적 진화의 측면에서 설명하였다. 그러나 현대에 들어서며 생물학적 측면만으로는 완벽히 설명되지 않는 문제들을 제기되기 시작했고, 이를 보완하고자 하는 연구들이 이루어지고 있다. 생물학적 경쟁력의 측면에서 본다면 우선 호모사피엔스 종과 동시대에 존재하였던 네안데르탈인은 왜 멸종하였는지 설명하기가 쉽지 않다. 그들은 호모사피엔스보다 더 큰 뇌를 가졌고 육체적으로도 더 강인했다고 한다.

리차드 D. 호란 미시간 주립대학 교수는 인간의 집단생활과 상호교류, 즉 교역과 분업이라는 시스템이 호모사피엔스가 네안데르탈인을 압도한 결정적 이유라고 한다. 실제로 네안데르탈인은 소규모 가족 단위로 생활하였으며 다른 집단이나 가족들과의 교류가 없었다고 한다. 그들은 직계가족 단위로 고립된 생활을 하며 거주지인 동굴에서 멀리 이동하려 하지 않았다. 반면 호모사피엔스는 매우 큰 가족단위를 구성하였으며 다른 집단과 교류가 활발했다. 따라서 리차드 교수는 이러한 상호 교류적 측면이 변화하는 지구 환경에서 생존할 수 있었던 주요 이유이며, 호모사피엔스종이 네안데르탈인보다 생물학적으로 더 열악했다고 가정하더라도 생존을 설명할 수 있는 강력한 증거라고 주장한다.[lxix]

우리는 타인과 만나 대화하고 교류하며 더 성장한다. 자신의 경험과 아이디어를 공유하고 서로 돕고 어려움을 나누며 또한 문화와 예술적 진보도 이루어간다.

뉴욕의 불교 커뮤니티인 다르마펑크(Dharmapunx NYC)의 멘토이자 불교승려이면서 허핑턴포스트의 칼럼니스트인 조쉬코다는 진정한 정신적 진보를 이루고 자신을 치유하기 위해서는 침묵 속에서 홀로 진행하는 명상에서 그치지 말고 반드시 타인과의 만남으로 나아가야 한다고 주장한다.

우리는 깊은 영적 수행을 생각할 때 보편적으로 기독교 수행자, 불가의 승려 또는 힌두의 요가수행자들이 홀로 고요히 앉아 명상하는 모습을 떠올린다. 그러나 이러한 모습은 널리 퍼져버린 오해일 뿐이다. 홀로 수행하는 명상은 분명 내면의 정서 상태를 인식하고 처리하는 데 도움을 준다. 그러나 진정한 치유는 타인이 나와 시선을 맞추고 나의 고통을 이해하며 내 모습을 바라볼 수 있는 거울이 되어주는, 어쩌면 우리에게 가장 취약한 순간에 일어난다. [xx]

4장

사랑과 미혼

'Earth'(지구)란 단어는 고대 영어 단어 'eorþe'에서 유래되었다. 이는 본래 대지, 토양, 또는 '인류의 거주지'를 의미한다.[lxxi] 그리스 신화에는 대지와 사랑에 대한 이야기가 있다. 태초에 혼돈, 즉 카오스가 있었고 이 카오스로부터 대지의 신 가이아(Gaia)와 영혼을 부드럽게 하는 사랑의 신 에로스(eros)가 생겨났다. 그 뒤 대지의 신 가이아에게 에로스가 작용하여 하늘, 바다, 산, 밤[24] 등이 생기고 지구 만물이 탄생되기 시작한다. 이렇게 지구는 사랑의 작용으로 탄생하고 번영한 사랑의 별이다. 따라서 대지의 신 가이아는 대지 위의 모든 존재를 사랑과 자비로 품는다.

플라톤 대화『향연』편에 등장하는 파이드로스에 따르면 모든

---

24) 하늘(우라노스), 바다(폰토스), 산(우로스), 밤(닉스)

신 가운데 에로스야말로 가장 오래된 신이며, 이 신이야말로 모든 좋은 것들의 가장 근원적인 것이라고 한다.[lxxii] 우리는 지구에 사는 모든 존재는 사랑을 요한다는 사실을 부인할 수 없다. 인간은 물론, 동물과 식물 모두가 사랑을 구하고 사랑을 주고 받는다. 따라서 이 세상에서 일어나는 어떠한 일이나 문제도 사랑을 빼놓고는 이야기 할 수 없다. 명백하게 사랑을 전제하는 결혼에 관한 문제는 더더욱 그러하다.

♥ 사랑의 결핍

갈등, 증오, 투쟁, 시기, 질투…. 세상에 존재하는 모든 부정적인 것들은 사랑의 불균형과 부족의 다른 모습들이다. 사랑이 충만하지 않은 자리에는 반드시 시련과 고통이 뒤따른다. 사랑이 부재한 그 자리에 다시 사랑을 채워 넣기 위해 우리는 시련과 고통을 체험하고 있다. 사랑에 대한 결핍을 느끼는 이들은 누구나 사랑을 채우려 안간힘을 쓴다. 그러나 사랑에 대한 이해가 부족하다면 왜곡된 방식으로 사랑을 구하게 되기 마련이다. 철학자 버트런드 러셀은 사랑의 결핍을 느끼는 사람이 사랑을 얻기 위해 많은 노력을 함에도 불구하고, 실패하는 이유에 대해 다음과 같이 적는다.

자기 자신이 사랑을 받지 못한다고 느끼는 사람은 그 결과로 여러 가지 태도를 취하게 될 것이다. 그는 아마도 유달리 친절한 행동을 함으로써 남의 사랑을 얻으려고 절망적인 노력을 할 것이다. 그럼에도 그는 대체로 성공하지 못할 것이다. 상대편이 쉽게 친절의 동기를 간파하기 마련인데다 또 인간성은 사랑을 거의 요구하지 않는 사람에게 가장 쉽게 사랑을 기울이도록 되어 있기 때문이다. 그러므로 자애로운 행동으로 사랑을 사려고 애쓰는 사람은 인간의 배은망덕을 경험하고 환멸을 느끼게 된다. 그의 경우 그가 얻으려고 애쓰는 사랑이 그 대가로 지불한 물질적 혜택보다 훨씬 값지다는 것을 결코 알 수 없을 것이다. 그럼에도 불구하고 그의 행동의 밑바닥에는 이 정도면 충분하겠지 하는 감정이 깔려 있다. [xxiii]

사랑에 대해 사유하고 올바른 이해를 구하려는 노력은 매우 중요하다. 사랑에 대한 올바른 이해 없이 결핍된 사랑을 채우려는 맹목적인 노력은 자칫 그 의도를 왜곡시키며 오히려 상대와 사랑을 더 멀어지도록 하기도 한다. 사랑에서 멀어지며 나와 타인을 구분할수록 점점 두려움과 불안, 공포를 더 많이 느끼게 된다. 이 부정적인 것들은 다른 모든 긍정적인 생각과 감정들을 날려버리며 자신을 더욱 더 부정적인 상념 속에 가두어 버린다. 마음은 텅 빈 것처럼 공허해지며 균형이 깨지고 평화와 안정이 사라진다. 우리가 이런 저런 시련과 고통을 겪으며 배워야 하는 것은, 거창한 교훈이나 진리가 아니라, 바로 사랑 그대로의 존재함이다.

싱글의 철학

우리는 진정 용기 있는 자는 힘이 세거나 투쟁심이 강하고 호전적인 이가 아니라는 사실을 알고 있다. 진정 용기 있는 자는 자신에게 주어진 문제와 한계를 회피하지 않고, 있는 그대로 직면할 줄 아는 내면이 건강한 사람이다. 투쟁심이 강하고 호전적인 성향은 오히려 내가 상처받지 않으려 하고, 또 직면해야 할 문제에 두려움이나 불안을 느낌으로써 회피하고자 일어나는 반작용이자 내면의 허약함에서 비롯되는 현상이다. 더 이상 상처 받지 않고 버림받지 않기 위해 타인에게 먼저 상처 주고 공격하는 방식을 취한다.

일상의 몇 가지 예를 살펴보자. 우리는 살면서 완벽주의자를 본다. 이들은 작은 실수 하나에도 많이 걱정하고 마음 쓰며 타인이 하는 작업이나 말에는 늘 큰 의미를 두지 않고 신뢰 하지도 않는다. 어떠한 일이든 자신의 기준에서 완벽해야 하므로 오직 자신의 생각과 작업만을 신뢰하고 그 모든 일이 다 자신의 손을 거쳐야 한다. 또한 우리는 살면서 과도하게 이성에 집착하는 이를 본다. 이들은 이성과 동성을 대하는 자세나 태도가 확연히 차이가 나고, 이성이 부재할 때 흥미를 느끼지 못하거나 불안감을 느낀다. 마지막으로, 우리 주위에는 지나치게 돈이나 성공에 집착하는 이들도 있다. 자신이 이미 누리고 있는 진정한 가치들은 보지 못하고, 오직 물질적이고 대외에 인정받는 일에만 관심을 둔다. 이들 모두는 사랑이 부족하기 때문이다. 그래서 사랑을 자기 방식대로 구하려 한다. 그렇게 타인에게 흠 잡히려 하지 않으려고, 이성에게 사랑을 받으려 하고, 타인의 관심과 인정을 받을 수 있는 것을 손에 쥐길 간절히 원한다. 이는 사랑에 대한 올바른 이해가 부족하기에 사랑을 채우는 바람직한 길을 모를 뿐이다.

그러나 주의해야 할 사실 한가지는 사랑의 결핍을 기준으로 누군가를 정상과 비정상으로 구분할 수 없다는 사실이다. 인간은 유한한 존재이기 때문이다. 원하는 모든 것을 가질 수 없고 하고 싶은 모든 것을 행동할 수 없는 우리는 사랑의 충만함 속에서만 늘 살수는 없다. 인간은 누구나 사랑이 부족하여 늘 사랑을 갈구하고 채우려 노력하며 살아가도록 운명 지어져 있다. 다만 그 사랑의 결핍이 얼마나 자신에게 영향을 주고 어떤 형태로 표현되고 있는지, 그 사랑을 어떻게 채우려 하는지가 문제일 뿐이다. 그러므로 사랑의 결핍은 정상과 비정상이 아닌 그 결핍을 채우려는 이의 노력과 정성이 합당한지에 대해서만 논의될 수 있다.

플라톤의 대화 「향연」 편에 등장하는 아리스토파네스는 인간의 불완전함과 사랑의 결핍에 대한 숙명을 다음과 같이 설명한다. 태곳적 인간의 모습은 오늘날 우리의 모습과는 사뭇 달랐다. 당시 인간에게는 세 가지의 성이 있었다. 남성, 여성, 그리고 남성-여성! 이들 모두는 '쿠겔멘쉬'라 불린다. 이 쿠겔멘쉬는 손과 발이 각각 네 개이며 음부는 두 개였고 머리 하나에 얼굴이 두 개가 붙어 있는 사람이었다. 이들은 어느 방향으로든 몸을 뒤틀지 않고 매우 빠르게 이동할 수 있었고, 스스로 자기 자신과 하나될 수 있는 존재였다. 이 뛰어난 쿠겔멘쉬는 자신들의 우월함과 완전함에 도취되어 신에게 제물을 바치는 것에 회의를 품기 시작했다. 오히려 그들은 신들의 영역마저 넘보게 된다. 이들에게 위협을 느낀 제우스는 이들을 둘로 쪼개기로 결정한다. 그렇게 해서 오늘날 사람의 모습을 한 두 발과 두 손, 하나의 음부와 하나의 머리에 하나의 얼굴을 가진 인간이 나오게 되었다. 이 중 대다수였던 남성-여성의 쿠겔멘쉬에서 쪼개져 나온 반쪽들은 이성을 사모하게 되었고, 그 외 남성의 쿠겔멘쉬와 여성의 쿠겔멘쉬에서 쪼개진 반쪽은 이성보다 동성을 그리워하게 되었다. 이 신화는 한편으로 부족한 사랑을 갈구해야 하는 인간의 불완전한 숙명에 대한 심오한 통찰을 느끼게 해준다.

철학자 막스셸러는 인간을 인식하는 존재나 의지하는 존재가 아니라 근본적으로 사랑하는 존재라고 정의한다.[lxxiv] 내 마음 속에 부족했던 사랑이 채워져 심장에 온기가 돌면, 그 동안 회피하고 마주할 수 없었던 현실이나 한계, 두려움 등에 직면할 수 있는 용기가 생기게 된다. 더불어 타인을 오만이 아닌 겸손과 배려로써 대하게 된다. 그리하여 비로소 자신에게 어떤 것이 진정 합당한 것인지 제대로 볼 수 있게 된다.

앞서 언급하였듯 이성과 감정 사이의 거리가 멀지 않기에, 진리에 다가가는 길 또한 이성만이 아닌 사랑을 통해서도 가능할 수 있다. 생각해보라. 매우 똑똑하고 학식이 높은 이가 낮은 식식을 통해 어려운 문제를 풀듯이, 비록 많이 배우지 못하였으나 타인을 위해 희생과 헌신을 하며 사랑을 베푼 이들은 본능적으로 삶의 지혜를 가지고 있으며, 왜 그러한지 논리적으로 설명하는 기술은 부족하지만 늘 올바르고 합당한 선택과 판단을 하며 살아가는 예를 볼 수 있다. 진정한 사랑을 하는 자는 일상의 크고 작은 문제들에 대해 올바로 판단하고 결정을 내릴 수 있다.

  내가 버림받았다는 느낌, 나만이 고립 혹은 소외되었다는 감정, 또는 무엇인가를 상실했다는 생각 등 이러한 내 관념들이 시련과 오해를 만들어 낸다. 반면 힘든 일이 내게 닥쳤거나 어떠한 실수를 하더라도 결국 내 곁에 있는 이, 내가 의지하는 이, 내가 사랑하는 이가 늘 함께 해주고 따뜻하게 감싸줄 것임을 알게 된다면 이는 더 이상 시련이 될 수 없다. 육체적으로 우리를 힘들게 하는 일이 있다면 이는 어려운 일일 수는 있으나 시련이라 하지는 않는다. 시련은 보다 정신적이고 정서적인 부분이다. 우리는 몸이 힘든 것보다 정신 또는 마음이 힘든 것이 훨씬 힘든 것이라 말한다. 예를 들어 고된 육체적 노동이나 훈련으로 온 몸에 멍이 들고 알이 배겨 힘든 것보다, 사랑하는 이와 헤어져 느끼는 상실감으로 인한 고통이 훨씬 크다.

♥ 사랑의 뜻

　　　우리는 살면서 사랑이 삶에 얼마나 중요하고 많은 영향을 끼치는지에 대해 주입식으로라도 듣고 교육받아 왔음에도 불구하고, 정작 사랑이 무엇인지 깊이 있게 생각해볼 기회를 갖지 않는다. 경제나 과학에 대한 지식 하나라도 더 얻는 것은 나를 지성인으로 만들고 내 가치를 올리는 일이라 생각하기 쉽지만, 사랑에 대한 나만의 정의를 내리고 통찰을 얻는 것은 객관적으로나 외부적으로 증명될 수 없고 인정받을 수 없기에 그 중요성이 간과되기 쉽다.

　사랑은 무엇일까? 우선 확신할 수 있는 한가지는 사랑을 어떻게 정의 내리고 있느냐가 그 사람의 연애에는 물론 종합적인 인간관계, 나아가 미혼 또는 기혼으로서의 삶 전체에 매우 큰 영향을 끼칠 수 있다는 사실이다. 사랑은 한 사람의 삶에 있어 통합적이고 전체적인 것이다. 따라서 사랑에 대해 왜곡된 생각을 가지고 있을 경우 그것은 삶에 고스란히 반영되어 그만큼 부정적인 영향을 주게 된다. 다음은 30대 중반의 미혼 여성 내담자와 진행한 상담 내용의 일부이다.

상담사 사랑을 무엇이라 생각하세요?

내담자 사랑이요? 글쎄요. 아름다움?

상담사 아름다움이 사랑이 될 수 있나요? 그럼, 장미도 아름다우니 사랑인가요? 좀 이상하지 않나요?

내담자 흠. 그렇네요. 아 맞다! 전 사랑이란 변하는 것이라 생각해요.

상담사 왜 사랑이 변하는 것이죠?

내담자 우리는 평생 한 사람만 사랑하며 살지 않잖아요. 사랑하다 헤어지고 또 다시 다른 사람을 사랑하게 되고. 사랑은 늘 변하는 거예요.

상담사 그러네요. 하지만 전 사랑이 변하는 것이란 정의도 올바르지는 않은 것 같은데요?

내담자 왜죠?

상담사 그 정의가 나빠서가 아니라 그건 정의를 내린 것이 아니니까요. 무엇인가 정의를 내리는 것은 그것의 뜻을 밝힌다는 것인데 변한다는 것은 그냥 하나의 속성이잖아요.

내담자 무슨 말인지?

상담사 변한다는 것은 사랑을 표현하는 하나의 속성일 수는 있어도 제대로 된 정의는 아니라는 말이에요. 예를 들어 수박의 정의를 내리라고 하니 수박은 빨갛다라고 말하는 격이죠.

내담자 흠. 정의를 내린다는 것이 참 어렵네요. 그럼 상담사님은 사랑이 대체 무엇이라 생각하세요?

상담사 글쎄요. 전 사랑이란 상대를 믿는다는 것이라고 생각해요. 좀 더 정확히 말하자면 상대 안에서 변함없이, 흔들림 없이 나의 믿음을 유지한다는 것!

싱글의
철학

내담자 정말 말도 안 되는군요. 사랑이 믿음이라니. 제가 들어본 사랑에 대한 정의 중 가장 형편없는 정의네요.

상담사 왜 그렇죠?

내담자 사랑이 믿음이라면 말도 안 되는 예가 너무 많아요. 사랑하는 관계에서 배반이라는 것이 없다고 생각하세요? 예를 들어 내가 A라는 사람과 너무 사랑해서 결혼했는데 그 사람이 다른 여자들과 바람을 피웠다고 생각해보세요. 우리 주위에 그런 예는 너무도 많죠. 특히 남자들의 경우.

상담사 그런 예가 많다는 것은 인정해요. 하지만, 그렇지 않은 예도 많지 않나요?

내담자 물론, 없다고는 할 수 없겠죠. 그런데 얼마나 될까요? 특히 남자들은….

상담사 남자들은 한 여자에게 만족하지 않는다? 그런 사람도 있겠지만 아닌 남자도 있지 않나요?

내담자 좋아요. 제가 조금 더 극단적으로 예를 들죠. 내가 사귀는 남자가 정말 성실하고 착한 올바른 심성을 가진 남자였고, 그래서 사랑해서 결혼했다고 쳐요. 그런데 그이의 직장에서 어떤 여우 같은 여자가 내 남편에게 반해서 꼬리를 치고 유혹을 했다면, 그래서 내 남편이 실수로 그러한 유혹에 넘어갔다면요? 그럼 전 그 배반을 믿음으로 이해해주어야 하나요? 이런 면에서 볼 때 사랑은 변하는 것 아닌가요?

상담사 흠. 그럴 경우도 있을 수 있겠죠. 혹시 이런 유사한 사례를 본인이 경험한 것인가요? 아님 혹시 가까운 주변에서 벌어졌던 일인가요?

사랑을 배반과 같은 부정적인 개념으로 파악하는 사람은 연애를 하거나 배우자를 선택할 때도 의식적이든 무의식적이든 그 부정적인 면을 어떤 형태로든 반영되게 된다. 반면 그가 가진 사랑의 정의가 좀 더 긍정적이고 희망적인 것으로 바뀌어 갈수록 자신이 원하는 상대와 연애의 모습도 그런 모습으로 변해간다. 나는 실제로 사랑의 개념에 대해 부정적인 생각을 가진 내담자들이 더 밝고 긍정적인 사랑의 개념으로 인식해가면서, 그들의 연애와 상대를 고르는 문제에서도 더 밝고 긍정적으로 변화가 일어나는 모습을 확인할 수 있었다. 특히 그 중 한 명은 사랑의 정의에 대해 사유하면서 더 밝고 희망적인 사랑의 정의를 받아들임에 따라, 그 동안 자신이 원했던 이상형 및 상대의 모습이 문제가 있음을 명확히 인식하게 되었을 뿐만 아니라 삶에서의 실제 선택과 연애 과정도 그렇게 바뀌게 되었다. 그러면서 상대에게 얽매어 있고 왜곡된 관계에서 벗어나 더욱 자신에게 알맞고 자유로운 관계를 구하고자 노력하게 되었다.

사랑에 대한 정의는 한가지로만 표현될 수 없다. 세상의 진리를 단 한 단어로 표현할 수 없듯 사랑의 정의 역시 삶의 어느 면을 보느냐에 따라 여러 정의가 가능하다. 그러나 미혼자들에게 사랑은 상대를 믿는 것이라는 정의는 깊이 생각해 볼 가치를 가진다. 믿는다는 뜻의 영어 단어 'Believe'는 고대조어 'ga-laubon'에서 유래되었다. 이 'ga-laubon'[25]은 '사랑을 유지하다.' 또는 '사

---

25) galaubon은 ga라는 접두사와 leubh(care, like, love)란 단어의 조합에서 기원하였다.

싱글의
철학

랑을 간직하다"라는 뜻을 가진다.[lxxv] 즉, 믿는다는 것은 사랑을 유지하고 간직한다는 뜻에서 유래되었다.

　국어 사전에서 '믿다'의 첫 번째 뜻은 '의심하지 않다'이다. 한자 사전에서도 마찬가지로 '믿다'(信, 믿을 신)의 반대는 '의심하다'(疑, 의심할 의)이다. 믿음이 없어지면 우리는 의심하게 된다. 그럼 의심이란 무엇일까? 의심이란 뜻을 가진 영어 단어는 'doubt'이다. 이는 라틴어 'dubitare'에서 유래된 것으로 본래의 뜻은 '두려워하다(fear)'이다.[lxxvi] 바로 앞장에서 언급하였듯 사랑이 결핍된 자리에는 두려움이 자란다고 하였다. 이렇게 사랑과 두려움에 대한 대립적인 관계가 방금 설명한 사랑과 의심에 대한 단어 뜻과 유래에서도 동일하게 설명되고 있음은 우연이 아닐 것이다. 사랑이 결핍되면 상대를 믿지 못한다. 사랑하지 못하면 믿지도 못하고 선택하지도 못한다. 의심하게 되면 혼란스럽고 두려움이 생기며, 그만큼 상대를 더욱 경계하고 배제시킨다. 그럼으로써 타인과 함께 살아가는 이 삶에서 더 큰 걱정과 시름을 떠 안게 된다.

　로마 신화에는 사랑의 신 큐피트와 아름다운 신부 프시케에 대한 이야기가 있다. 그녀는 인간으로서 지나치게 아름다운 나머지 미의 여신 비너스에게 미움을 사게 되었다. 신의 미움을 산 프시케는 자신의 미모에도 불구하고 오랜 시간 동안 배필을 찾지 못하게 된다. 그러나 비너스의 아들 큐피트가 그녀의 미모에 반하게 되고, 결국 그녀는 큐피트와 결혼하게 된다. 다만, 밤에만 그녀 곁을 찾아와 시간을 보냈는데 그 이유를 묻는 그녀에게 큐피트는 완전한 어둠 속에서만 자신을 만날 수 있으며 자신의 모습을 보려 하는 순간 자신과 영원히 헤어질 것임을 일러준다. 그러나 신이 만든 궁전에서 생활을 하는 프시케를 시기한 두 언니는 그녀에게 신랑의 얼굴을 확인해보라고 부추기고, 결국 그녀는 의심을 품게 되어 어두운 밤 등불로 잠자는 큐피트의 얼굴을 확인하게 된다. 이를 알아챈 큐피트는 그녀의 불신(不信)을 원망하며 떠나게 되고 그녀는 자신의 행동과 의심에 대해 뼈저리게 후회한다. 그녀는 그를 되찾기 위해 방법을 구하려고 온갖 위험이 도사리고 있는 모험의 여정을 받아들인다. 그 여정 속에서 수많은 고통과 시련을 맞닥뜨리고 헤쳐나간다. 그 험난한 여정 속에서 자신의 신랑인 큐피트의 도움을 받고 그녀는 결국 제우스로부터 영생을 얻어 큐피트와의 사랑을 이룬다. 그녀의 이름 '프시케(Psyche)'는 그리스어로 '마음', 또는 '혼'이란 뜻을 가졌다. 이 신화는 인간의 마음 속에 진정한 믿음이 있어야 사랑을 얻을 수 있고, 불완전한 우리는 시련과 고통을 겪으며 이러한 사랑을 배우고 구할 때 영생을 얻어 신에게 다가갈 수 있음을 가르쳐 준다. 그리고 그러한 사랑 속에서 우리는 행복과 기쁨을 누리게 된다. 프시케와 큐피트가 부부로 맺어져 낳은 딸의 이름이 바로 '기쁨'이다.

철학자 키에르케고르는 25세의 나이에 16세의 소녀 '레기네 올센'과 사랑에 빠지고 약혼 하였으나, 자신의 불우한 과거와 저주를 이기지 못하고 결국 소녀의 간절한 만류에도 불구하고 파혼하였다. 그렇게 키에르케고르는 평생 독신으로 살다가 42세의 젊은 나이에 요절하였다. 그는 평생 사랑의 결핍을 느끼며 피해의식과 고통에 시달렸다. 그런 그가 느끼는 세상은 우울하고 불안한 것이었다. 그 덕분에 그는 현대의 심리학 및 실존철학에 근간이 되는 『불안의 개념』이란 책을 집필하였고, 그가 확립한 '불안'의 개념은 오늘날 현대인을 설명하는 가장 중요한 단어이다. 파혼 후 방탕하고 향락적인 삶을 경험했던 그는 자신의 경험을 토대로 인간이 자신의 솔직한 감정을 숨기고, 또 상대의 육체를 탐하는 향락적이고 믿음이 부재한 '돈주앙' 같은 삶이 얼마나 공허한지를 표현하는 작품들을 남겼다. 그는 다음과 같이 말했다.

> 반복적인 사랑이 진정으로 유일하게 행복한 사랑이다. 이러한 사랑은 추억에 대한 불안도 기대에 대한 불안도 없으며, 새롭게 발견해야 한다는 불안한 모험적 체험도 없으며, 순간의 만족을 느끼는 것에 대해 확실하게 은총을 받은 것이다. [lxxvii]

타인에 대한 믿음이 간직되는 한 사랑은 존재하고 반복된다.

♥ 사랑과 결혼

        인생의 동반자를 만난다는 것은 사랑을 배우고 채우는 중요한 경험을 제공한다. 동반자를 통해 평생 사랑하는 법을 배우게 되고, 사랑을 주고 받는다. 결혼이란 종족 유지를 위한 굴레가 아니라 참된 사랑을 일깨워주는 사회적 틀이다. 종족 유지가 목적이라면 결혼이 아닌 다른 방법으로도 얼마든지 종족 유지를 해낼 수 있다. 그렇다면 다음과 같은 질문이 당연할 것이다. '결혼만이 사랑을 배우고 채우는 유일한 경험인가?' 아니다. 삶 자체가 사랑을 배우는 하나의 학교이자 경험이기에 우리는 언제 어디서든 사랑을 배우고 채울 수 있다. 하지만 결혼에는 특별함이 있다. 그 특별함은 결혼을 통해 보다 다양한 사랑의 측면을 배우도록 한다.

    우리는 흔히 사랑을 세부적으로 구분 짓지 않고 단일한 개념으로 받아들인다. 하지만 고대 그리스인들은 사랑을 보다 다양한 유형으로 구분 지었다. 첫째, 에로스적인 사랑으로, 이는 남녀가 열정적으로 하는 사랑이다. 둘째, 스톨케적인 사랑으로, 이는 친구와의 우정과 같은 건전한 사랑이다. 셋째, 아가페적인 사랑으로, 부모가 자식에게 내리 주는 사랑과 같다. 쉽게 말해 조건 없이 베푸는 사랑이다. 영혼의 짝을 만나는 결혼은 우리에게 이 세 가지 사랑을 모두 배울 수 있는 가장 보편적이고 광대한 학습의 장이 된다. 결혼 전 연인의 과정을 거치며 에로스를 경험하고 결혼 후에는 점점 연인보다는 인생의 동반자이자 친구로 함께 하며 스톨케적 사랑에 대해 배우게 된다. 마지막으로 출산을 통해 아이를 가지며 아가페적 사랑을 베풀게 된다.

이렇게 사랑의 다양한 면을 배우며 좀 더 완전한 사랑을 하게 될수록 나란 존재에 대한 이해가 깊어진다. 신학자 로마노 과르디니는 인생의 동반자를 만난다는 것은 '자기 존재를 알 수 있는 실마리'[lxxviii]라고 하였다. 사랑을 통해 나를 더 알게 된다는 것은 삶에 매우 큰 의미가 있다. 우리는 자기 자신을 제대로 알지 못해 많은 시련과 시행착오를 겪는다. 자기 분에 넘치는 과도한 욕심을 부려 큰 화를 입기도 하고, 자신을 믿지 못해 재능과 열정을 제때 발휘하지 못하기도 한다. 인도의 고대 철학 우파니샤드에서는 영혼(아트만)의 불멸성을 강조하며 윤회를 말한다. 이 우파니샤드의 가르침에 따르면, 현생에서 자신의 진정한 존재를 얼마나 이해하게 되었느냐가 윤회의 바퀴 속에서 다음 생을 결정하는 중요한 부분이 된다. 사랑을 주고 받으며 또 사랑하는 상대의 모습 속에서 우리는 자기 자신을 돌아보게 되고 반성하게 된다.

오늘의 시대는 다른 어느 시대보다도 영혼의 짝을 만난다는 것에 대해 진지하고 진중해지길 요구한다. 타의가 아닌 내 의지에 의해, 그리고 나의 사랑에 전제해서 결혼이 성립되는 시대이기 때문이다. 즉 결혼은 나의 선택이다. 내가 나의 배우자가 될 타인을 내 의지대로 선택한다. 내가 선택하는 결혼이기에 이제 결혼은 나의 책임이 되었다. 그렇다면 자연히 다음을 묻게 된다. 결혼이 나의 선택이란 사실은 너무도 당연한 이야기가 아닐까?

반드시 그렇지만은 아닌 시대들이 있었다. 아니 반드시 그렇게 된 시대가 그렇지 않은 시대보다 훨씬 짧다. 이전 시대들에서 결혼은 개인의 문제 이전에 가족 혹은 사회의 문제이기도 하였다. 때문에 근대 이전의 시대에서는 배우자를 자신이 결정하는 경우가 드물었다. 결혼은 개인의 선택과 결정이 아닌 집안의 결정이었고, 혈육 공동체의 일이었다. 따라서 오늘날 우리가 생각하듯 결혼이 꼭 사랑의 결실만으로 맺어지는 것은 아니었다. 결혼은 사랑이란 열정적 감정이 전제된 산물이라기보다는 주변에서 강제하는 하나의 통과의례에 가까웠다.[lxxix] 나 자신과 사랑 이외에 보다 다양한 면이 고려되는 일종의 사회적 계약이었다. 물론 그런 시대에도 사랑의 감정은 존재했으나, 오늘날처럼 사랑이 선행되어야 결혼이 된다는 절대적 상관관계가 존재하지 않았다는 말이다. 배우자 선택에 대한 당사자의 자유의지가 매우 제한적으로 허용되었다는 이 사실은 곧 그들 스스로 결혼과 관련된 결정을 내릴 수 없었다는 것이고, 그만큼 미혼에 따른 심리적 부담도 적었다는 것을 의미한다.

하지만 오늘날 우리는 자유의지를 가지고 결혼을 선택하기에 그에 대한 모든 책임을 자신이 지게 되었다. 사랑할 상대를 자유롭게 선택하고 그를 배우자로 결정하는 몫은 이제 각 개인의 몫이다. 그러므로 그에 대한 어떠한 결과나 책임도 역시 스스로 감내해야 한다. 자신에게 주어진 자유와 선택의 결정권은 그들에게 책임을 부여하고, 자신의 행위와 결정으로 야기되는 모든 부담과 고통을 스스로 짊어지도록 한다. 지금까지 미혼이라면 적령기에 결혼하기를 유보한 자신의 결정에 대해, 또 사랑하는 사람을 선택하지 않은 결정에 대해 책임져야 한다.

그러나 우리는 다음을 물어야 한다. 정말 자유를 얻은 만큼 선택도 자유롭게 할 수 있는가? 오늘날 결혼의 선택, 즉 인생의 동반자를 선택하는 것은 사랑에 근거한다고 하지만, 그런 사랑이 과거 어느 때보다도 더 메마른 사랑이 되어버리지는 않았는가? 교통수단, 정보기술, 사회 시스템, 미디어 등의 발전은 다양한 경로로 더 폭넓게 사람들을 만날 수 있게 해주고, 개인에 대해 더 많은 정보를 알 수 있게 해준다. 하지만 이런 발전은 한편으로 인생의 동반자를 객관적 지표나 조건에 의해서 선택하도록 만들기도 한다. 또한 사회와 언론, 산업이 창조한 이상적인 결혼관이나 배우자의 상은 개인의 선택을 몰개성적이고 획일적으로 몰아간다. 더 많은 정보로 더 많은 사람을 만나며 획일화 된 가치에 입각해 개인을 비교 및 분석하는 현대인들은 전인적인 시각으로 혹은 자신의 내면에서 끌리는 사랑을 구하기보다는 대중적이고 객관적인 가치를 기준으로 사랑을 찾기 쉽다. 이렇게 메마른 감정이 되어버린 사랑은 오히려 인생의 배우자를 선택하는 결정을 상대적으로 더 어렵게 하거나 왜곡시킨다. 다수가 바라는 객관적 가치는 동일해지만, 그렇게 객관적으로 뛰어난 가치를 지닌 상대는 소수이기 때문이다.

사랑할 상대를 택하는 일은 순간적인 감정이나 급조된 신념에 의해 비롯되지 말아야 하며, 결혼은 더 늦기 전에 급히 처리해야 할 일로 간주하지 말아야 한다. 내게 적절한 알맞은 선택은 보다 성숙되고 신중한 내면과 사유에서 나온다. 내 영혼의 상대를 알아본다는 것, 이것은 오랜 자기 자신과 삶에 대한 반성, 그리고 타인과 사랑에 대한 성찰이 있어야만 가능하다. 그저 남들이 이야기하는 '때'가 되어서, 조건이 나쁘지 않아서, 외모가 빼어나서 그렇게 상대를 구하고 결혼하는 것에서는 이러한 가능성들이 들어갈 자리가 없다. 자신에 대한 이해도 제대로 하지 못하고, 또 사랑에 대한 진지한 성찰도 없는 다급한 결혼의 행복이 얼마나 갈 수 있을까?

이것이 단순히 결혼할 상대를 결정하는 일에 많은 시간이 필요하다는 것을 뜻하는 것은 아니다. 올바른 선택은 그 선택 자체에 대해 숙고하는 절대 시간에 비례하지 않는다. 오히려 평소 사랑이라는 주제에 대해, 나와 타인에 대해, 균형과 조화에 대해 얼마나 사유하였고 그에 대한 제대로 된 감각을 가지고 있느냐의 문제이다. 일상에서 자기 내면과 대화하고 늘 사유하며 자신의 의식 수준을 높이고 교양을 갖추려 노력한 이라면 영혼의 짝을 알아보고 인생의 동반자로 선택하는 데 그리 오랜 시간이 필요하지 않을 수도 있다. 선택의 시간이 길다고 해서, 또 오래 숙고한다고 해서 동반자를 올바로 알아볼 수 있는 것은 아니다. 나는 그렇게 준비가 된 이들이 서로를 알아보고 첫만남에서 결혼까지 그리 오랜 시간이 필요 없었으며 그럼에도 불구하고 매우 본받을 만한 삶을 꾸리는 흔치 않은 커플들을 본 적이 있다.

어린아이와 여성의 신분이 매우 낮았던 중세시대에 장 자크 루소는 매우 진보적인 생각을 했던 철학자였다. 그는 인생에는 단계가 있고 각 단계마다 그 나름의 배워야 할 가치가 있으며, 교육은 그 가치들을 단계에 맞게 최대한 실행시키는 것이라 생각했다. 그의 이러한 생각은 그가 소설형식으로 집필한 교육론에 대한 저서에서 잘 볼 수 있는데, 이 저서가 바로 그 유명한 『에밀』이다. 칸트는 평생 날마다 같은 시각에 같은 길로 산책 할 정도로 규칙적이고 정확한 철학자였다. 동네 사람들이 그가 지나가는 것을 보고 시계를 맞출 정도였다고 한다. 그런 그가 딱 한번 산책을 걸러 동네 사람들의 저녁식사 준비 시간에 혼란을 주었는데, 그 이유는 시간 가는 줄 모르고 『에밀』을 읽다가 산책 시간을 놓쳤기 때문이라고 한다. 이 책 5부에서는 결혼할 나이가 된 소피에게 그녀의 아버지가 결혼에 대한 조언을 해 주는 부분이 있다. 헌데 그 조언은 철저히 신분사회이며 결혼이 사랑보다는 집안과 명예의 문제였던 당시의 시대적 배경에도 불구하고 현재까지도 의미하는 바가 적지 않다. 소피의 아버지가 딸에게 한 조언 일부를 소개한다.

좋은 아내를 선택한다는 것도 그렇겠지만 좋은 남편을 선택한다는 것보다 더 어려운 일이란 없단다. 소피야, 너는 바로 그 보기 드문 아내가 될 것이고 우리 평생의 명예와 우리 노년의 행복이 될 것이다. 그런데 네가 아무리 훌륭한 재능을 지니고 있다 하더라도 이 세상에 너보다 훨씬 나은 남자가 없는 것은 아니란다. 너를 얻는 것을 자랑스럽게 삼지 않을 남자는 하나도 없지만 너를 더욱 자랑스럽게 만들 남자도 많단다. 그 숱한 남자들 중에서 네게 어울리는 남자를 찾아내어 그를 알고 너를 그에게 알리는 것이 문제란다. [xxx]

또한 루소는 성인이 된 자녀를 가진 부모들에게 그들의 결혼을 어떻게 바라보아 주어야 하는지에 대해 다음과 같이 조언한다.

행복한 결혼을 시키고 싶은가? 그렇다면 편견을 없애고 인간의 제도를 잊도록 하라. 그리고 자연에게 자문을 구하도록 하라. 주어진 조건 아래서만 서로 맞아서 그 조건이 바뀌면 더 이상 맞지 않게 될 그런 사람들을 결합시키지 말고 어떤 상황에 있든, 어떤 나라에 살든, 어떤 신분에 떨어지게 되든 서로 잘 맞을 사람들을 결합시켜야 한다. 이는 결혼에서 관습적인 관계는 아무래도 좋다는 말이 아니라, 자연적인 관계의 영향이 관습적인 관계의 영향을 훨씬 능가하기 때문에 일생의 운명을 결정짓는 것은 자연적인 관계의 영향뿐이라는 말이다.

〈중략〉

훌륭히 결합된 부부에게 상상할 수 있는 온갖 불행이 닥친다 하더라도, 그들은 마음의 불화로 오염된 지상의 온갖 행운 속

싱글의
철학

에서 가질 수 있는 행복 이상의 참된 행복을 함께 울면서 즐길
것이라고 나는 주장한다. ^{lxxxi}

  주위를 둘러보면 무미건조한 결혼 생활을 하는 이들이 많다.
자신의 삶이 소중하다면 어떻게든 그러한 무미건조함에서 벗어
나 보다 사랑이 넘치는 삶을 살고 싶을 터인데, 그저 현실을 인
정하고 별다른 시도를 하지 않는다. 혹 왜 그러한 시도를 하지 않
느냐고 말한다면 이리 답할 것이다. "참 이상주의자군요. 결혼은
현실이에요. 사랑? 그런 것은 정말 오래 안 가지요. 결혼해보면
압니다. 애 낳고 집사고 부모님 눈치도 보면서 살다 보면 그냥 살
아야 하기에 사는 것이지, 별다른 수가 있어 사는 것이 아니라는
것을 말입니다."
  어쩌면 그들에게 지금 이 글에서 말하는 사랑의 이야기는 너
무 이상적일 수 있다. 하지만 한 가지 그들이 전제하는 사랑 개념
은 한번쯤 짚어보아야 하지 않을까? 사랑을 단지 결혼 후 일상
생활 속에서는 오래 갈 수 없는 사랑으로 이해한다면, 이는 젊은
날에 서로 뜨겁게 불타오르는 감정 같은 에로스적 사랑이 아닐
까? 앞서 그리스인들의 다양한 사랑의 개념에 대해 설명하며 결
혼에는 에로스적 사랑 이외에 스톨케적 사랑도 존재함을 알았
다. 한평생을 사는데 있어 부부는 에로스적 사랑보다 스톨케적
사랑의 모습을 더 필요로 한다. 니체는 좋은 영혼을 가진 이들
끼리 만나는 좋은 결혼이란 서로를 친구처럼 대하며 존중해주는

결혼이라 하였다.

에로스적 사랑의 상태에서는 열정이 넘치며 그만큼 자신을 빨리 개방하고 감정적으로 쉽게 동화되며 신체 접촉도 빠르다. 그러나 그렇게 열정이 넘치지만, 그만큼 상대의 모습을 제대로 바라보기 어렵다. 진중함 없이 격정적이고 열정적인 감정에서 결혼의 약속을 한다면, 결혼생활에서의 사랑의 유효기간은 얼마나 될까? 실제로 많은 커플들이 신혼의 기간이 끝남과 동시에 전과 같은 애틋한 사랑을 서로에게서 느끼지 못한다. 로마노 과르디니는 미화시킨 상대방과 사랑에 빠진다면 결국 자신이 미화시킨 그 상대의 이미지와 다른 면을 인식할 때 환상에서 깨어나게 되며 실망감에 빠진다고 한다. 그래서 상대를 올바로 바라보려는 노력은 일상 속에서 늘 고수해야 하는 일이며, 상대방의 진정함을 환상 속에서가 아닌 현실 속에서 보도록 노력해야 한다고 강조한다.[lxxxii]

🗨️ 배우자의 자격과 조건

미혼 남녀 초혼 나이가 모두 증가하고 있는 오늘날, 남녀의 교육 수준은 상반되는 경향을 보인다. 여성은 점점 고학력화 되어가지만 남성은 그 반대로 저학력화가 되어가는 추세이다.[26] 이런 사회적 추세 속에서 고학력 미혼 여성들은 매우 까다로운 눈을 가진 개인주의적이고 극단적인 인격의 이미지로 대중들에게 어필되기도 하지만, 실상 대화를 해보면 그녀들은 대중에 비추어지는 것보다 그렇게 비현실적이고 까다로운 조건의 남자를 찾지 않는다. 그들 대부분이 바라는 것은 그저 배우자 될 이성이 자신보다는 여러 면에서 조금이라도 나은 남성이다. 다만 이 '여러 면'이라는 것이 주로 소득, 학력, 집안 배경 등으로 한정된다. 30대 미혼여성의 미혼 사유를 조사한 책『결혼파업, 30대 여자들이 결혼하지 않는 이유』에는 다음과 같이 조사결과를 요약하고 있다.

> 50여 회가 진행된 인터뷰 중에서 처음 열 번은 이상형에 대한 질문을 빼놓지 않고 했다. 그런데 그 대답은 한결같이 자신보다 조금 더 나은 조건의 남성으로 요약되었다. 그래서 그 이후의 질문을 다음과 같이 바꿔보았다. '본인보다 학력이 낮은 남자라도 괜찮겠어요?' 가끔은 학력 자리에 '키'나 '소득'을 넣어보기도 했다. 예상대로 어느 것 하나 긍정의 대답이 나온 경우는 드물었다. 그나마 가장 용납 가능한 항목은 키였다. 그 다음은 학력, 마지막까지 포기하기 어려워한 것은 소득이었다. [lxxxiii]

그렇다면 몇 가지 특정 조건이나 지표에 있어 많은 것이 아닌

---

26) 대한민국 여성의 대학 진학률은 2000년 65.4%에서 2013년 74.5%로 크게 증가한 반면, 남성들이 대학진학률을 70.4%에서 67.4%로 오히려 하락하였다.
 *참고: 통계청 (2014)『2014 통계로 보는 여성의 삶』

그저 조금 더 자신보다 나은 것을 바라는 것이 너무 과하게 바라는 일일까? 『소비의 사회』 저자 장보드리야르는 오늘날 대부분의 사람들은 현실주의에 입각해 자신들이 합리적으로 원할 수있는 것 이상으로 더 많은 것을 갈망하지는 않는다고 한다. 그러나 그렇게 자신들의 현실보다 객관적으로 약간 더 많은 것을 바라는 이런 욕구로 인해 그들은 이 사회의 '소비'와 '성장'이라는 규칙 속에 갇히게 되며, 이런 상황 속에서 약간 더 바라는 그러한 것들은 언제나 실제로 가능한 것에는 미치지 못하는 것임을 잊지 말아야 한다고 강조한다.[lxxxiv]

다음은 상대를 선택하는 것에 매우 어려움을 느끼는 30대 중반의 미혼여성과의 상담 내용이다.

내담자 지금 제게 연락하는 두 명의 남성이 있는데 다 조금씩 무엇인가 부족해요.

상담사 어떤 점이 그렇나요?

내담자 한 명은 만나면 너무 재미있고 시간도 잘 가는데 경제력이나 미래 비전이 확실치 않아요. 집안도 여유가 없는 편이고.

상담사 또 다른 남성은요?

내담자 제게 적극적으로 대시를 하는 남성인데 아버지 사업이 잘 되는 편이고, 또 아버지 사업을 물려 받을 것이라 경제적으로는 괜찮아요.

상담사 그럼 무엇이 문제이죠? 두 번째 남성이 좋다는 것 아닌가요?

내담자 아니요. 외모가 너무 마음에 안 드네요.

상담사 아 그래요? 그럼 그 남성과 만나서 시간을 보낼 때 즐겁지도 않나요?

내담자 외모가 마음에 안 들어서 그런지 설레거나 재밌거나 시간이 어찌 가는 줄 모르는 그런 상황은 아니에요. 지금 내 나이에 외모를 생각한다는 게 참 웃긴다는 생각이 들죠?

상담사 절대적인 외모 기준만을 좇지 않는다면, 상대의 외모를 본다는 것은 자신이 그동안 형성해온 자신의 인생관이나 성향 등을 반영하는 가장 직관적인 것일 수도 있어요. 그 사람의 분위기나 어떤 마음의 끌림 등을 중시한다는 것이 나쁜 것은 아니니까요.

내담자 정말이요? 그렇게 생각해도 될까요?

상담사 네. 그런데 다른 남성의 경제적 부분은 심각한 상황인가요? 집안이 아주 어렵다거나.

내담자 아니요, 그 정도까지는 아닌데 그래도 직장이 번듯한 것도 아니고 집안도 썩…….

상담사 그럼 그 경제력 문제만 제외한다면 문제가 없나요? 만나면 좋은 감정을 느끼고?

내담자 그런 편이에요.

상담사 정리하자면 만나면 재미있고 좋은데 경제력 때문에 선택하기 조금 힘든 상황이네요

내담자 네.

상담사 경제력이 그렇게 많이 중요한가요?

내담자 여자 입장에서는 현실적으로 포기할 수 없는 부분이잖아요. 정말로…

상담사   현실적으로 거부할 수 없는 사실이기도 하죠.

내담자   저도 주변에서 시집간 친구나 선배 동료들이 많아요. 그런
데 다들 그래요. 결국 경제력이 제일 중요한 것이라고. 그런
이야기들을 많이 들어서 그런지 저도 아주 풍족하게는 아니
더라도 제 삶이 최소한 제 주변 사람들에게 경제적으로 창
피하거나 부족한 삶으로 비추어진다는 것은 참 견디기 힘
든 일이에요.

오늘날 적지 않은 미혼자들이 상대를 선택함에 있어 이렇게 현
실적이고 객관적인 조건에 대해 고민을 한다. 장보드리야르는 '산
다는 것은 경제적 가치의 희생을 필요로 한다'[lxxxv]고 말한다. 현
대인은 경제적 가치가 확보되어야만 살아갈 수 있다는 말이다.
따라서, 소비의 사회, 즉 자본주의 시대 속에 살고 있는 이들이
경제적 조건에 가장 많은 가치를 두고 있음을 부인할 수 없다.
결혼은 사랑해야 할 수 있고 또 상대를 볼 때 인간적인 면만을
보라는 주문만을 하는 것 또한 비현실적인 것일 수 있다.

그러나 장보드리야르가 말하는 경제적 가치란 우리가 살면서
정말로 필요한 만큼의 상품이나 재화의 양을 뜻하지 않는다. 경
제적 가치의 희생이란 살만큼 혹은 필요한 만큼을 원하고 추구
하는 것이 아닌 늘 필요 이상의 것을 추구하는 것이다. 예를 들
어 교통수단이 필요하다면 그냥 차를 원하는 것이 아닌 차 이상
의 기능, 필요 이상의 속도를 낼 수 있는 기능, 값이 평균보다 훨

썬 비싼 희소성 등등 교통수단으로서의 기본적인 차의 기능 이상을 선호한다는 것이다. 그는 이러한 소비를 '기호의 소비'라 한다. 자동차가 본래 목적인 교통수단으로서의 상품이 아닌 자신의 결핍을 채우는 어떤 상징 혹은 의미가 되어버리는 소비이다. 이러한 소비는 소비자의 결핍이나 부족함을 채우면서 긴장의 해소를 가져다 주는 모순된 행복을 느끼게 한다고 한다. 이 기호의 소비는 늘 우리가 필요 이상의 것을 원하도록 하며 끝없는 소비의 굴레 속으로 빠져들도록 한다. 이 굴레 속에 빠져든 우리는 주객이 전도되어 그 소비를 위해 자기 자신을 희생하며 살게 된다. 그리하여 이 소비는 결국 역설적으로 가난함, 다시 말해 마음의 가난함을 의미하게 된다고 말한다.[lxxxvi]

　오늘날 경제적 지표, 즉 부 혹은 풍부함은 어떤 과정을 거쳐 우리에게 가장 선호되고 상대를 결정하는 가장 중요한 요인이 되었을까? 서양 철학의 시작이라 불리는 고대 그리스 시대에는 만물의 근원을 밝히고 진리를 탐구하는 일이 가장 가치 있는 것으로 여겨졌다. 고대를 뒤이은 중세 시대에는 신과 종교가 가장 중요한 주제였으며, 르네상스 시대는 예술과 문학이 가장 가치 있는 주제 중의 하나였다. 근대 시대는 인간의 이성이 강조되면서 과학과 기술이 중요해졌다. 그러면서 점점 자본과 부가 본격적으로 부각되기 시작하였고, 이 과정에서 노동자와 자본가가 대립하며 자본과 노동의 가치가 힘겨루기를 하였다. 당시의 자본은 과거 시대들보다 훨씬 중요해졌지만, 그렇다고 오늘날의 그것만큼 인정받는 것은 아니었다. 국부론의 저자이자 시장경제의 원조 주창자인 애덤 스미스도 자본이 우리의 문명 발전과 사회 복지에는 필요하지만 반드시 행복을 주는 것은 아니라며 자본에 절대적 지위를 부여하지는 않았다. 심지어 그는 부를 얻은 이는 늘 그만큼 또는 그보다 더 큰 불안이나 두려움, 슬픔 등에 사로잡힌다며, 부자를 다음과 같이 묘사했다.

> 쓸데없는 물건이 자질구레한 장신구를 쫓느라 평생을 보내는 어리석은 사람 [lxxxvii]

하지만 근대를 거치고 현대에 들면서 자본은 다른 가치와는 비교될 수 없는 완전한 헤게모니를 얻었다. 오늘날 자본은 다른 무엇보다도 최상의 가치를 가진다. 경제적 가치만이 부에 부여된 것이 아니다. 그 이외에도 부에는 도덕적 가치가 부여 되고, 또 부가 개인의 역량이나 재능과도 신뢰할만한 관련이 있다고 보기 시작했다. [lxxxviii] 과거 신분에 의해 선천적으로 세습되던 부의 고리가 근대를 거치며 상대적으로 느슨해졌고, 노동자 계급의 자녀들도 공부를 잘하면 멍청한 부자의 자녀들을 몰아내고 우수한 대학에 들어갈 수 있게 되었다. 그리고 그러한 교육이 부로 연결되어 실제로 신분이 상승하는 것도 보았다. 덕분에 기성세대들은 자식들의 교육과 학벌에 엄청난 투자와 관심을 쏟았다. 그 전에 가난하고 신분이 낮은 이들에게 위안을 주었던 종교적인 이야기들, 즉 이 세상의 부와 인간 내면의 자질은 서로 상관관계가 없다는 주장도 신의 절대적 지위가 상실되며 함께 설득력을 잃었다.

　표면적으로나마 인간은 평등하다는 신념과 법의 질서 아래(물론 우리는 완전히 평등하게 태어나지는 않지만), 사회 제도와 시스템은 과거 어느 시대보다도 더욱 많은 이들에게 교육과 기회의 균등을 보장해주려는 많은 시도를 한다. 이제 부자는 단지 더 부유할 뿐만 아니라 더 나은 이로 평가될 수 있는 조건을 갖추게 되었다. 심지어 부를 누리는 삶은 경건한 삶으로까지 여기며 많은 이들이 동경한다. 반면 가난한 이는 궁핍에 그치지 않고 실패자라 묘사된다.[lxxxix] 이는 개인의 재산 축적을 영혼의 타락으로 여겼던 중세 시대와는 참으로 대조된다.[27] 이렇게 최고의 선이 된 부를 쌓는 데 도움이 되는 교육, 외모, 재산 등의 유리한 조건과 배경들은 오늘날 동반자를 찾는 최상의 지표가 되었다.

　지표란 대상을 파악하게 해주는 기준 또는 조건과 같은 것이다. 상대가 가진 부를 통해, 그의 교육 수준을 통해, 또 그의 배경을 통해 우리는 상대를 미리 파악하고자 한다. 그리고 많은 지표를 알게 될수록 약간의 자기 경험과 통찰을 가미해 그 사람을 다 파악했다고 믿는다. 지표 곧 조건은 앎을 매개한다. 여기에 큰 함정이 있다. 과연 우리는 그러한 조건만으로 상대를 온전히 다

---

27)　중세시대에는 오늘날처럼 누구든 법을 준수하기만 한다면 얼마든지 부를 추구할 수 있고 해도 된다는 의식조차 없었다.
　*참고: 앤서니 스토 『고독의 위로』(이순영 역, 제1판, 책읽는수요일, 서울, 2011), 122쪽

알 수 있을까? 아니 아무리 많은 조건과 지표를 들이댄다 하더라도, 상대가 전체적으로 다 파악될 수 있는가?

철학사에 있어 타인에 대한 가장 깊은 통찰력을 보여준 철학자는 의심할 여지 없이 레비나스이다. 그의 철학 전체는 타인(타자)에 대한 고찰이라고 봐도 무리가 없을 정도로 타인을 향하고 있기에, 그는 타인(타자)의 철학자로 불린다.[28] 그가 보는 타인이란 '무한한 존재'이다. 타인은 무한하다. 여기서의 무한이란 셀 수 없는, 즉 끝이 없는 무한을 뜻하는 것이 아니다. 어떠한 상황에서도 내 인식 속에 완전히 들어오지 않고 다 파악되지 않는다는 것, 그래서 늘 내가 생각하고 이해하는 것보다 무한히 더 크고 깊다는 것이다.[xc] 실제로 타인은 우리의 이해나 인식 속에 완전히 잡힐 수 없다. 우리는 상대를 다 이해하고 알았다고 생각하지만 늘 그의 다른 모습을 보게 된다. 30년을 같이 산 부부조차도 문득 배우자에게서 낯 섬 혹은 새로움을 느낄 때가 있다. 어떤 지표를 가지든, 어떤 노력을 하던, 타인은 늘 우리의 인식 속에서 빠져나간다.

---

28) 엄밀하게 보면 레비나스는 타자(L'autre)와 타인(autrui)를 구분한다. 그는 받아들인 타자를 타인이라고 한다. 다만 본 글의 전개 편의상 이러한 명확한 구분을 완화하여 타인의 개념을 보다 포괄적으로 적용해 타인과 타자를 구분하지 않고 같은 의미로 사용하기로 한다.
   *참고: 엠마뉴엘 레비나스 『시간과 타자』 (강영안 역, 제1판, 문예출판사, 서울, 1996), 91쪽

레비나스는 타인(타자)에 대한 깊이 고민했던 철학자이자 형이상학자였다. 그는 타인(타자)란 나의 생각과 인식만으로는 온전히 알 수 없고 담길 수 없는 무한한 존재라고 말한다.

내가 상대를 다 안다고 믿는다는 것은 상대를 예측 가능하고 통제 가능하다고 생각하는 것과 다르지 않다. 예를 들어 조직이 사람을 채용할 때에도 그 사람을 다루고 통제하고 평가하기 위해 여러 지표가 담긴 이력서나 증명서를 활용한다. 결혼도 하나의 현실이고 그래서 많은 미혼자들은 미래의 불안을 잠재우기 위해 상대를 내 앎 속에 집어넣으려 한다. 그리하여 미래의 안정과 자신의 삶에 수준의 업그레이드 여부를 가늠하고자 한다. 이 작업은 소득과 같은 몇 가지 한정된 지표를 통해 이루어진다.

레비나스는 인격을 가진 사람과 사람의 만남이란 지표를 통한 앎의 방식에서 벗어난 관계이고, 이것이야말로 진정한 '사귐'xci이라고 하였다. 타인은 알려고 하면 할수록 벗어나는 무한한 존재이며, 그 새로움과 무한성이 나를 더욱 새롭고 온전한 존재로 만들어 준다. 즉, 타인은 내게 알려져야 할 존재가 아니라 나를 새롭게 이끌어가는 존재이다.

『에밀』에서 신분이나 재산 등의 지표를 통해 결혼하고자 하는 이들에게 루소가 전하는 조언을 들어보자.

아버지의 권위에 의해 이루어지는 결혼에서는 오로지 제도와 세상 평판에서 오는 합치점들만 따르게 된단다. 그래서 결혼하게 되는 것은 사람들이 아니고 신분과 재산이다. 그런데 이런 것은 다 바뀔 수가 있고 사람만 언제나 남아서 어디서나 같이 따라 다니는 것이다. 운명에 관계없이 결혼이 행복하거나 불행해질 수 있는 것은 오로지 사람 관계에 의해서만 그러하다.

〈중략〉

소피야, 너의 권리를 행사하라. 자유롭게 현명하게 권리를 행
사해라. 네게 맞는 신랑은 네가 선택해야지 우리가 선택해서는
안 된다. 다만 합치점들에 대해 네가 잘못 생각하고 있지 않은
지를 판단하는 것만이 우리가 할 일이다. 출신, 재산, 신분, 세
상 평판은 우리에게 아무런 이유도 되지 못할 것이다. 용모가
네 마음에 들고 성격이 네게 맞는 성실한 남자를 택하도록 하
여라. 다른 점에서 그가 어떠하든 우리는 그를 사위로 받아들
일 것이다. 두 팔이 있어 일할 수 있고 품행이 단정하고 자기 가
족을 사랑하기만 한다면, 그의 재산은 언제나 충분히 많게 될
것이다. 미덕으로 자기 신분을 높이기만 한다면, 그의 신분은
언제나 충분히 높은 것이 될 것이다. 온 세상이 우리를 비난한
다 하더라도 그것이 무슨 상관이겠느냐? 우리는 세상의 동의
를 구하지는 않으며 너의 행복만으로도 우리에게는 족하다. [xcii]

급이 맞는 결혼, 지표를 맹신하는 결혼, 타인에게 인정받으려
는 결혼, 세상의 틀에 지나치게 의존한 결혼, 이러한 결혼이 행복
으로 귀결되는 경우를 얼마나 알고 있는가? 우리는 이미 뉴스를
통해 그러한 성격의 결혼들을 많이 접해 왔고 그러한 결혼의 결
과도 보아 왔다. 그렇게 요란한 결혼들 중 상당수가 길게 가지 못
하였으며 때론 악감정만 남긴 채 서로에게 등을 돌리는 불편한
결혼도 적지 않다.

다른 눈으로 사랑을 보자. 만약에 상품에 가치를 매기듯 사랑
에 가치를 매긴 기준이 있다면 상대는 달라 보이게 될 것이다. 그

렇게 사랑을 가치로 매긴다면 우리는 지금 사랑을 어떤 대가 없이도 주고 받을 수 있다는 사실에 매우 감사하게 될 것이다. 비록 최상의 지표를 가지지는 못했지만 보석과 같이 빛나는 존재를 알아보게 될 것이다. 반면, 최상의 지표를 가졌지만 이미 자신이 가진 빛을 잃어버리고 상대의 빛마저 바라게 하는 존재도 있다.

♥ 사랑의 이원성

사랑에는 서로를 결합시키는 신비함이 있다. 사랑을 통해 나와 상대 사이의 명확한 분리가 사라지고 서로 하나가 된다. 서로 다른 둘이 만나 사랑을 하면서 온전한 하나가 되는 과정을 거친다. 철학자 헤겔은 나와 상대는 사랑을 경험하며 서로 다르다는 사실을 끝없이 발견하지만, 동시에 끝없이 하나가 됨을 인식하며 하나의 전체를 이룬다고 강조한다.

> 각자의 삶에서 사랑을 마시기 위해 끝없이 차이점을 찾고 끝없이 서로 결합하여 하나가 되며, 자연의 모든 다양성을 적용하는 한 모든 생각과 영혼의 모든 다양성을 교환하면서 사랑은 삶의 부를 얻을 것이다. [xciii]

이렇듯 사랑이 있으므로 세상은 점점 하나가 된다. '세계' 또는 '우주'를 뜻하는 영어 단어 'universe'는 본래 '존재하는 모든 것들의 전체 혹은 통합'의 의미를 가지고 있다. 세상에 존재하는 모든 것들이 결국 전체 혹은 하나로 표현되는 것이 우주이고 세계이다. 이 'universe'는 하나라는 뜻의 라틴어 'unus'를 접두어로 가지는데, 바로 이 'unus'는 '독특한', '개별적으로 고유한'이란 뜻을 가진 단어 'unique' 의 접두어이기도 하다.[xciv] 이는 우리에게 의미 있는 한가지 사실을 알려 준다. 하나의 전체로 표현되고 통합되기 위해서는 온전하면서도 독특한 각 개별적인 주체들이 존재해야만 한다는 사실이다. 특별하고 고유한 개인들이 구성하는 하나이자 전체가 더 완전하고 아름다운 하나 또는 전체가 될 수 있다. 그러므로 전체와 개별적인 하나는 서로 다르지만 또한 서로 떼어놓고 생각해볼 수 없다.

사랑을 하게 되면서 가지게 되는 흔한 오해가 바로 이 하나됨의 개념이다. 서로 사랑함으로써 부부 혹은 연인끼리 하나되어야 한다는 것이 둘 사이의 거리를 완전히 없애야 함을 의미하지 않는다. 하나라는 전체에는 고유한 개별적 존재들이 전제되어야 하기 때문이다. 사랑하는 사람끼리는 늘 함께 있어야 하고, 똑 같은 생각을 해야 하며, 동일한 감정을 느껴야 하는 것일까? 예를 들어 내가 이렇게 생각하는데 상대는 그와 다르게 생각한다면 서로가 불편해지는 일이고 화내야 할 일이며 상대로부터 사랑 받지 못한다고 느껴야 할 일일까? 우리는 종종 상대가 나와 똑같이 생각하지 않는다고 해서, 또 나의 부탁에 응하지 않는다 해서 사랑하지 않는다고 생각한다. 내가 원하는 것을 들어주지 않아서, 또는 내 편이 되어주지 않아 사랑이 변했다고 생각한다. 또 내가 옳다고 믿는 것과 다른 생각을 하면 더 이상 나와 사랑하는 이가 아니라고 단정짓기도 한다. 사랑으로 하나가 된다는 것을 이렇게 상대와 나 사이 서로의 존재감을 희석시키고, 둘 사이의 거리를 제거하며 각자가 흔적도 없이 하나로 융합되는 그런 하나의 개념으로 받아들이는 것은 상당한 오해이다. 그러한 관계는 요구하는 쪽에서 보면 소유이자 지배이며 요구당하는 쪽에서 보면 종속이자 예속이다.

어떠한 사랑관계에서도 서로의 존재는 타인의 존재로 남아야 하며, 서로간의 거리는 반드시 필요하다. 상대를 나와는 다른 존재자로써 인정해주고 존중해 줄 수 있을 때 사랑은 유지되고 진정 하나가 된다. 우리의 삶에는 밝음만 있는 것이 아니라 그늘도 있다. 밝은 모습과 어두운 모습 모두 그대로 사랑의 모습이다. 서로가 다름을 이해하고 포용할 때 삶에서 야기되는 다양한 모습을 함께 안고 가며 사랑할 수 있다. 각자가 자기 존재에 충실할 수 있고 자기를 표현할 때 사랑은 영원히 유지되고 더 아름다워진다. 각자 자신의 고유한 빛깔을 내는 색들이 있는 그림일수록 아름다운 한 폭의 그림을 빚어낼 수 있다.

2010년 개봉한 영화 '플립'은 사랑에 대해 배워가는 주인공 줄리의 성장을 그린 영화이다. 여기에서 아버지 리차드는 줄리에게 다음과 같은 조언을 한다.

> 항상 전체 풍경을 봐야 한단다. 그림은 단지 부분들이 합쳐진
> 것이 아니란다. 소는 그냥 소이고 초원은 그냥 풀과 꽃이고 나
> 무들을 가로지르는 태양은 그냥 한줌의 빛이지만, 그걸 모두
> 한 번에 모은다면 마법이 벌어진단다.

앞서 말했듯 타인은 무한하다. 타인은 나와는 다른 낯선 존재
이며 내 인식 속에 온전히 담길 수 없다. 그런 타인에게 늘 나와
같음을 요구할 수 없다. 레비나스는 관계 속에서 서로간의 차이
를 없애어 중립성을 띠게 되는 것은 사랑이 아니며 타인이 타인
으로 보존되는 관계를 가지라고 조언한다. 그는 사랑의 경험이야
말로 나와는 다른 타인의 차이를 체험할 수 있는 경험이라고 하
였다.**xcv** 그에게 사랑은 둘이 하나 됨이 아닌 둘이 둘로 남는 것
이다. 그것이 진정한 하나됨이다.

> 사랑이 감동스러운 것은 넘어설 수 없는 이원성이 존재자들
> 사이에 있기 때문이다. **xcvi**

지금 상대가 한 이야기나 감정에 완전히 동의하거나 이해할 수
는 없지만 상대라는 사람 자체를 신뢰한다는 것, 내가 비록 실
수를 할 수 도 있고 그러한 실수를 비판해주고 지적해줄 수도 있

지만 그럼에도 불구하고 상대는 나라는 사람 자체를 흔들림 없이 지원해주고 사랑해줄 것이라는 것, 이러한 것이 진정 사랑으로써 하나의 전체로 통합될 것이며 서로 간의 이원성이 존재하는 사랑이다. 이러한 사랑은 사랑하는 사람들을 함께 성장시키고 각자의 주체성을 회복하도록 돕는다.

상대를 타인으로 인정해주면서 나라는 경계를 초월하려는 노력이 필요하다. 앞서 말했듯 나라는 자아가 명확하고 타인과 구분이 분명하다면, 늘 요구하고 받으려 하며 소유하려 하게 된다. 버트런트 러셀은 진정한 사랑을 할 수 있는 능력은 자아라는 감옥으로부터 벗어난 사람일 때 생기는 것이라 했다. 자신이 쌓아놓은 둘레에서 한 발짝도 나오지 않고 자기 세계를 더욱 확장하려 하지 않으면 아무 결실도 맺지 못한다. 아우구스티누스는 사랑의 고유한 특징은 상대방에게 자유를 주는 것이지 상대방을 마음대로 하기 위해 독점하는 것이 아니라고 하며 자기 중심적인 사랑을 경계한다.[xcvii]

상대에게 부족한 면이 있다면 바로 그 점이 그렇게 부족한 대로 상대의 존재이자 매력이 된다. 그렇게 상대를 있는 그대로 바라보아 주고 자유로운 공간을 제공하며 상대의 존재 자체, 생각, 감정, 느낌을 받아들일 필요가 있다. 시인이자 화가, 소설가이며 또한 철학자였던 칼릴 지브란은 이러한 사랑의 이원성을 다음과 같이 시로 표현하였다.

함께 있되 거리를 두라.
그래서 하늘 바람이 그대들 사이에서 춤추게 하라.

서로 사랑하라.
그러나 사랑으로 구속하지는 말라.
그보다 그대들 혼과 혼의 두 언덕 사이에
출렁이는 바다를 놓아두라.
서로의 잔을 채워주되 한 쪽의 잔만을 마시지 말라.

서로 가슴을 주라.
그러나 서로의 가슴 속에 묶어 두지는 말라.

함께 서 있으라.
그러나 너무 가까이 서 있지는 말라.
사원의 기둥들도 서로 떨어져 있고
참나무와 삼나무도 서로의 그늘 속에서 자랄 수 없느니.

♥ 사랑과 출산

다음은 『결혼파업, 30대 여자들이 결혼하지 않는 이유』에 소개된 조기 폐경이 우려된다는 진단을 받은 36세 미혼 여성의 인터뷰 내용이다.

제일 무서웠던 건, 30대에 폐경이 될 수도 있다는 현실보다 제가 아이도 낳기 전에 폐경이 된다는 거였어요. 제가 안돼 보여서 그랬는지 치료를 받는 동안 의사 선생님이 그러시더라고요. 치료에 따라 폐경이 되었다가도 월경이 살아나기도 하니까 너무 걱정하지 말라고, 저는 아직 중단된 것도 아니고 또 최악의 경우 난자를 냉동해 보관하는 방법도 있다고요. 의사 선생님은 위로하려고 한 말이었지만 저는 그 말을 듣는 순간 머리카락이 쭈뼛하고 서더군요. 임신을 피하는 건 제 의지로 가능했지만, 아이를 낳는 건 의지만으로는 안 될 수도 있다는 걸 그때서야 깨달았죠. *xcviii*

단지 짝이 없다는 사실보다 자신의 가임 능력의 약화에 더 심한 부담을 느끼는 미혼 여성들도 있다. 이들은 자신의 삶에 남자란 없어도 큰 문제가 아니라 생각하지만, 결혼이나 배우자와는 상관없이 자신의 가임 능력 자체에 문제가 생기는 것에 대해 막연한 두려움을 느낀다. 다음은 출산의 문제에 많은 걱정을 하는 30대 중반 미혼 여성과의 상담사례 일부이다.

내담자 저는 어릴 적부터 생리통이 심했고 굉장히 불규칙한 편이었어요. 그래서 가끔씩 병원에 가서 생리시기를 조절해주는 약을 처방 받아 복용해왔어요. 이 약을 복용 뒤 끊으면 어김없이 다시 생리가 시작되었죠. 그런데 최근에 그 약의 복용 기간이 끝나는데도 생리가 바로 시작되지 않는 거예요. 생리가 당연히 바로 시작되어야 했던 그날 생리가 나타나지 않았고, 전 그 날 잠을 잘 수가 없었어요. 가슴이 두근거리고 미래에 대한 걱정이 물밀듯 밀려오더라고요. '난 지금껏 무엇을 했나'란 생각과 함께⋯ 이런저런 걱정이 꼬리에 꼬리를 물며 괴로운 밤을 보냈어요.

상담사 생리가 안 된다는 것이 그렇게 걱정이 되나요?

내담자 당연하죠. 그건 내가 아이를 낳을 수 없게 되었다는 뜻이잖아요. 내 아이를 볼 수도 없을 수 있겠다는 생각은 얼마나 끔찍한 일인지 남자들은 이해하기 힘들어요. 솔직히 결혼은 하면 물론 좋겠지만 안 해도 제겐 크게 문제 되지는 않아요. 하지만 여성에게 있어 가임 능력과 관계되는 문제는 완전히 다른 차원이에요. 여자에게 있어 불임이란 여성으로의 모습을 잃어버린다는 뜻이에요.

시간이 흐를수록 육체적인 가임 능력의 문제는 어찌되었건 여성에게 큰 시련이 되기도 한다. 물론 출산에 대한 부담이 여성에게만 주어지는 것은 아니다. 이는 미혼 남성에게도 분명 다른 형태로 존재한다. 그들에게 출산의 부담은 가임 능력에 대한 문제라기보다는 남성으로서 가정을 책임져야 한다는 생각과 관련된다. 즉, 아기의 나이와 자신의 경제활동이 가능한 나이에 대한 고민이 대표적이다. 더 나이 들기 전에 나의 아이를 낳아 최소한 그들이 대학가기 전까지는 자신이 경제활동을 해야 한다는 부담감이 크다.

왜 우리는 이렇게 출산과 아이의 문제에 이렇게 불안해 하는가? 출산을 통해 아이를 얻고 아이는 내 미래를 열어주기 때문이다. 아이를 가짐으로써 우리는 시간의 흐름 속에서 새롭게 미래와 시간을 얻는다. 소크라테스는 임신과 출산은 신성한 일이 아닐 수 없다며, 이는 인간이 영생하고 불사하는 일이라 하였다. 즉, 출산이란 낡고 늙은 것 대신 새롭고 젊은 것을 남겨 두고 가는 일이므로, 부단히 새로워지며 영원히 살려는 인간의 욕망이 맞닿는 곳이다.[xcix] 버트런트 러셀도 부모가 된다는 것은 인생이 제공하는 최고의 행복이라며 출산을 예찬하였다. 아이는 책임감을 가지게 하는 원동력으로 아이의 존재를 통해 부모의 이기주의가 통제된다. 그는 2세를 출산함으로써 방탕하고 성과 열정을 즐기려고 하는 자유로움의 방종이 마침표를 찍는다고 한다.[c] 레비나스는 출산을 통해 아이를 만나게 되고 이 아이는 곧 내 안에서 타인을 발견하는 일이므로, 타인을 진정 생각하고 배려할 줄 아는 진정한 마음은 출산을 통해 이루어진다고 하였다. 아이는 타인이자 또 다른 나이기 때문이다. 출산을 통해 이기적인 내 경계를 넘어 타인에게로 향할 수 있고 사랑할 수 있다.

이렇게 출산은 인간에게 그 중요성을 달리 표현할 수 없을 정도로 본질적인 사건이다. 따라서 흐르는 시간 속에서 미혼자들이 가장 염려하는 문제 중의 하나가 바로 이 출산과 관계된 것임을 부인할 수 없다. 그만큼 그들은 출산에 대해 고민하게 된다. 하지만 그런 거대한 고민의 크기만큼 이를 자신의 삶에 성숙의 기회로 승화할 수 있다면 삶에 대한 매우 깊은 이해와 자신을 넘어설 수 있는 초월의 기회를 얻게 될 것이다. 그러한 기회를 출산과 아이에 대한 남다른 견해를 보여주었던 철학자들의 이야기에서 출발해보자.

소크라테스는 출산을 예찬하였지만 그가 말한 출산은 육체적인 자식만을 의미하지 않는다. 그는 아름다운 사람들이 만나 함께 지냄으로써 두 사람은 육체의 자식이 있는 경우보다 훨씬 더 밀접하게 사귀고 더 굳은 우정을 유지하게 되며, 이들에게는 육체의 자식보다 더 아름답고 영원한 자식이 생기게 될 것이라 하였다.[이] 이는 생물학적 자식만이 아닌 아름다운 정신적 산물로서의 자식을 의미한다. 그는 이러한 자식이야말로 당사자들에게 진정한 행복을 가져다 준다고 하였다. 그리고 이를 위해 만나야 할 아름다운 사람이란 고상하고 훌륭한 영혼을 가진 사람이다. 즉, 삶에 있어 출산과 아이의 문제 이전에 보다 더 중요한 것은 아름다운 영혼을 가진 동반자를 만나는 일이다.

만일 우리에게 미래를 보고 선택할 수 있는 능력이 주어졌다고 하자. 당신에게 두 가지 선택권이 주어졌다. 하나는 시간에 대한 이점을 선택하는 것이다. 동반자와 자신에 대한 깊은 이해를 얻지 못한 상태에서 남들이 결혼할 때에 당신 역시 결혼하여 아이를 낳고 살아가게 되는 것이다. 다만 그런 선택에서는 마음 한 켠으로는 어딘지 모르는 허전함이나 나 자신대로 살고 있지 못하다는 공허감을 느끼며 40년을 살아야 하는 리스크가 큰 삶이다. 다른 하나는 행복에 대한 이점을 선택하는 것이다. 비록 미혼의 시간이 매우 길지만 그 기간 동안 교양을 쌓고 사유하면서 내 영혼을 건강하게 가꾸어 나가는 것이다. 그럼으로써 올바른 영혼을 가진 동반자를 보는 눈이 생기고 마침내 그런 영혼의 동반자를 만나 딱 10년간만 더할 수 없이 행복하게 살 확률이 매우 높은 삶이다. 자, 당신은 어느 쪽을 선택하겠는가?

　레비나스는 출산을 가능성의 관점에서 접근한다. 분명 출산과 아이를 통해 시간은 다시 젊어지며 완전히 새로운 미래와 가능성이 열린다. 출산은 단순히 나의 아이를 가지는 것 이상의 의미가 있다. 아이를 만남으로써 미래에 대한 나의 가능성을 더 확장하고 이어나가는 것이다. 실제로 부모들은 자신들이 누리지 못했던, 그리고 해보지 못했던 좋은 가능성을 현실화시키고자 아이들을 학원에 보내고 가르치며 많은 노력을 하지 않는가? 또한 나의 아이가 자신들이 꿈꾸던 혹은 바라는 길을 가줄 때 비록 힘들게 뒷바라지를 하게 되더라도 전혀 힘들게 느끼지 않으며, 오히려 새로운 미래에 대한 희망과 꿈을 품고 살아갈 수 있게 된다. 이렇게 우리는 미래와 가능성 측면을 배제하고 출산과 아이를 이야기할 수 없다. 그런데 바로 그런 가능성의 측면에서 레비나스는 다음과 같은 새로운 관점을 열어준다.

　　생물학상의 자식은 자식의 일차적인 모습에 지나지 않는다. 생물학 차원의 부모가 되지 않아도 사람끼리의 관계에서 부모와 자식 간의 관계를 볼 수 있다. 다른 사람에 대해 부모된 태도를 가질 수 있다. 그것이 내가 '가능성을 넘어'라고 부르는 관계를 이루는 것이다. [cii]

매우 소수이기는 하지만 자신이 낳은 아이가 아닌 다른 아이들을 입양하여 나의 자식처럼 키우며 사랑을 주고 보람을 찾는 이들도 있다. 그들은 그러한 방식으로 부모가 되어 레비나스가 말하는 진정한 출산과 사랑을 이루어내고 있다. 그들은 입양한 아이를 '가슴으로 낳은 아이'라고 부른다. 다른 한편으로, 타인에 대한 사랑과 헌신으로 마치 타인에게 부모와 같은 존재가 되어 줌으로써 출산의 문제를 아름답게 승화시키는 이들도 있다. 테레사 수녀와 같은 유명 인물은 물론이거니와 우리에게 잘 알려지지는 않았지만 주위에는 인류애를 실천하며 출산의 문제를 아름답게 승화시키는 이들이 존재한다.

　우리의 삶은 이미 타인과의 관계 속에서 빛날 수 있기에 내 가능성이 타인의 가능성과 연결될 때 삶은 더 풍요로워진다. 나의 아이가 아니어도 내가 노력하고 지지하는 타인이 가능성을 보이고 자신의 자리를 제대로 찾아갈 때 우리는 그 무엇보다도 큰 만족감과 행복, 그리고 사랑을 느낀다. 테레사 수녀는 그녀 자신의 아이를 갖지는 못했지만 만인이 그녀의 아이였고 가능성이었다. 그녀는 생의 마지막 순간에 과연 자신의 삶을 불행한 것으로 떠올렸을까? 아니면 충만하고 행복한 삶이었다 생각하며 눈을 감았을까?

5장

미혼자의 시간

우리는 늘 시간이 흐른다는 것을 알고 있다. 모두에게 예외 없이 항상 시간이 흐른다는 것! 이것은 유한한 인간이 받아들이기 참으로 버거운 사실이다. 특히 아직 배우자를 선택하거나 결정하지 않은 미혼자들에게는 이 사실이 더욱 더 무겁게 느껴진다. 시간의 흐름은 그들에게 불투명한 미래이자 기회의 소멸로 다가오기 때문이다. 그들이 가장 염려하는 것, 그것은 바로 아직 인생의 동반자를 만나지 못했음에도 자신들이 늙어간다는 것이다.

우리는 시간이란 시, 분, 초 등의 동일한 단위로 구성되어 한 치의 오차 없이 정확히 나누어져 흐르는 것이라 생각한다. 그래서 일 분은 60초이며 한 시간은 60분으로 구성되고 하루는 24시간으로 구성된다는 것을 믿는다. 이러한 시간의 흐름은 해의 움직임으로부터 나오며 따라서 우리의 시간은 시계에 의해 규정된다. 이렇게 동질적이고 절대적인 시간을 상정하고 있기에 우리는 시간의 지배를 받는다. 더 엄밀히 말해 이 시간 속에서 지배를 받는 것은 우리의 유한한 육체이다. 육체가 시간의 지배를 받는다는 것은 나이를 먹어간다는 것이며, 나이를 먹어 간다는 것은 매 순간 우리가 죽어가고 있다는 것과 다름 아니다.

미혼자들이 염려하는 것도 바로 이 육체적인 시간이다. 나의 피부가 예전의 그것만 못하다는 것을 느끼게 되었을 때, 흰머리가 늘거나 머리 숱이 줄어들고 있다는 사실을 인식하게 되었을 때, 혹은 그 동안 아무 문제 없었던, 또 앞으로도 그럴 것이라 생각했던 내 신체 어딘가가 어느 날부터 삐걱 되고 고장 나게 되었을 때 미혼자들은 갑자기 시간과 나이를 느끼게 된다. 그러면서 미혼자들은 불현듯 잠재적인 미래의 짝에게 선택되기 힘들 것이라는 생각에 빠지거나 시간이 얼마 남지 않았다는 불안감에 휩싸이게 된다. 더 우울하게는 이미 너무 늦어버렸다고 생각하게 되기도 한다. 이렇게 육체적인 시간의 흐름은 누구도 비켜갈 수 없이 공평히 적용되며 미혼자들을 힘들게 하는 강력한 속박이다.

그러나 시간을 그렇게만 보는 것은 과연 타당한가? 시간을 달리 볼 수 없는가? 시간을 달리 봄으로써 시간의 지배에서 벗어날 수 없는가? 시간의 지배에서 벗어난다는 것은 무엇을 의미하는가? 우리는 시간에 대해 많은 질문을 해야 한다. 그러한 질문과 대답 속에서 어쩌면 우리의 정신은 육체적인 시간에서 벗어나 자유롭고 영원한 만족을 취할 수 있을지도 모른다.

시간은 우리의 정신을 구성하는 매우 본질적인 요소이다. 시간을 어떻게 이해하고 있는가는 곧 그 사람의 세계가 어떠한지를 나타낸다. 독일 철학자 하이데거는 존재의 이해는 시간성이라는 지평에 의해서만 가능하다고 보았다. 프랑스 철학자 베르그송 역시 역동적인 삶을 이루는 정신의 본질은 시간에서 비롯됨을 강조한다.[ciii] 자신의 시간관이 어떠한지에 따라서 자신의 삶과 세계가 구성되고 시간관이 바뀐다면 자신의 삶과 삶을 대하는 태도도 달라진다. 따라서 시간에 대한 새로운 이해는 나를 새롭고 자유로운 존재로 이끌 수 있다.

♥ 마음 속의 시간

'의자' 혹은 '책상'과 같은 절대적인 대상이 존재하는 것처럼 시간이라는 절대적인 대상도 존재하는가? 아니다. 시간은 절대적인 대상이 아니다. 아우구스티누스는 시간과 그것을 체험하는 우리 마음을 서로 분리해서 생각하지 않았다. 그는 시간을 파악하는 것은 오직 인간의 마음이며 인간의 마음 밖에서는 시간의 본질을 파악할 수 없다고 보았다. 시간은 마음의 연장이자 분산이다. 인간의 마음은 과거, 현재, 미래 이 세 방향으로 분산되어 퍼지고 흩어진다. 따라서 시간은 오직 마음을 통해서만 느끼고 잴 수 있다. 아우구스티누스의 이 통찰은 최소한 우리의 마음 안에서 시간은 절대적이지 않고 동일하게 흐르지도 않음을 생각해볼 여지를 제공한다.

우리 마음 안의 시간은 주관적이고 이질적이다. 우리는 이 사실을 이미 잘 알고 있고 또 늘 경험하고 있다. 예를 들어 구애하는 이성과 마침내 데이트를 즐길 약속을 잡게 되었다면, 그 데이트 약속을 기다리는 한 시간과 실제로 데이트를 즐기는 한 시간은 동일하게 흐르는가? 고속버스에서 화장실을 가고 싶은 것을 참는 30분과 취미를 즐기는 때의 30분은 모두 절대적으로 지나가는가? 우리의 어떤 하루는 일년처럼 길기도 하고, 때에 따라서는 한 시간처럼 짧기도 하다.

칸트는 시간이라는 인식의 틀이 우리에게 선천적으로 부여되어 있다고 생각하였다. 그러한 인식의 틀이 머리 속에 날 때부터 이미 주어져 있기 때문에 우리가 무엇을 생각하거나 경험을 하든 시간에 대한 인식은 늘 함께 작용한다고 한다. 실제로 우리는 모든 것을 시간과 연관시켜 생각하고 있다. 식사를 할 때 언제 할 것인지, 어딘가를 갈 때는 얼마나 걸리는지 자신도 모르게 생각하게 되게 된다. 무엇인가 해야 할 일의 부담은 그 일을 처리하는 데 어느 정도의 시간이 소요될지에 따라 달라지며, 처음 상대를 만났을 때 그 사람의 나이는 우리가 가장 궁금해 하는 것 중 한 가지이다. 다만, 칸트는 이러한 시간은 질내석으로 실재하는 것이 아니라 우리의 주관적 여건에 따라 인식되는 것이라는 것이다. 다시 말해 우리는 시간을 직관적으로 파악하며, 직관적인 파악은 감성을 가진 나만이 느끼는 것이므로 우리의 정신에 주어지는 시간은 인식하는 주체에 따라 서로 다른 시간이 될 수 있다. 따라서 비록 육체는 시간 흐름의 절대적인 지배를 받더라도 우리의 정신과 의식은 그로부터 자유로울 수 있다.

내담자 이제 내 나이에는 선이나 친구 소개로 남자를 만나러 갔을 때 괜찮은 남자가 나오기는 바라지도 않아요. 그냥 최소한 너무 아닌 남자가 안 나오면 다행이라는 생각이 들어요.

상담사 어떤 남자가 너무 아닌 것이죠?

내담자 아저씨 느낌이 물씬 나는 남자요. 정말 많이도 안 바라고 아저씨 느낌을 좀 덜 주는 그런 남성을 찾기도 이제는 어려워졌어요.

상담사 어떤 느낌이 아저씨 느낌인데요?

내담자 흠. 뭐랄까? 상대를 배려하는 폭이 좀 좁고, 매우 고집이 세게 보이고, 자기 생각 위주로 행동하는 게 느껴지는 그런 것? 하여간 딱 보면 느껴지는, 아니 여자들만이 느끼는 그런 느낌 혹은 인상이 있어요.

상담사 그런 느낌이 정말로 나이하고 비례하나요? 만났던 남자들 중에 나이와 그런 아저씨 느낌이 정말로 비례하던가요?

내담자 물론 반드시 그런 것은 아니죠. 비록 나이가 좀 있는 남성이라도 생각이 유연하고 오픈된 멋진 남자도 아주 가끔 있긴 있어요. 속으로 '아 정말 괜찮다'라고 생각이 들 정도로. 문제는 그런 남자는 어김없이 결혼했거나 여자친구가 있더라

고요. 그렇게 괜찮은 남자들은 이미 다 알고 여자들이 벌써
골라서 채갔어요.

  미혼자들은 나이가 제법 지나 자기 자신과 현실을 포기하듯이
내려놓기 전까지는 늘 소년이고 소녀이기를 바란다. 아저씨 혹은
아줌마가 되기를 원하지 않고 노총각, 노처녀로 치부되기를 바라
지도 않는다. 자신이 그렇게 바라듯 상대를 보는 관점 또한 그러
하다. 내 상대가 아저씨 혹은 아줌마의 느낌을 주지 않기를 바란
다. 이러한 그들의 바람은 하나의 사실을 가리키는데 바로 순수
한 상대를 선호한다는 것이다.

  순수함이란 나이 들지 않은 시간의 상징이자 시간의 지배로부
터 벗어남에 대한 징표이다. 순수란 주어진 것 또는 얽매인 것들
로부터 자유롭고 초월되어 있음을 의미한다. 피부가 순수하지 못
하고 늙었음은 세월의 무게가 피부에 녹아 들어 주름이 지고 다
른 흉터나 반점이 덧씌워진 것이다. 예술이 순수하다는 것은 세
상이 주는 얼개들을 다 지우고 대상의 본질을 보고 거기에 자신
의 관점을 세상의 틀에 얽매이지 않고 표현한다는 것이다. 시공
을 초월해서 어린 아이가 순수하게 느껴지는 이유는 그들이 시대
와 사회의 영향에서 벗어나(혹은 아직 인식하지 못하여) 그들 나름대
로 자신과 세상에 대해 자유롭게 생각하고 표현하기 때문이다.

  세상의 틀대로 맞추어지고 덧씌워지면 질수록 그만큼 순수함

에서 멀어진다. 순수함을 잃어버릴수록 눈에 보이지 않는 변화, 즉 정신이 경직된다. 사고의 폭이 줄어들며 그만큼 자신의 선택과 행동의 폭도 제한적으로 바뀐다. 자유로운 나의 모습, 고유한 나의 모습은 간데 없고 경직되고 타협되지 않는 고집을 가지게 된다. 세상의 껍질을 그렇게 내 순수함 위에 겹겹이 쌓게 됨으로써 시간과 나이를 느끼게 한다. 그럴수록 상대가 내 안에 들어올 공간은 비좁아지고 상대는 답답함과 거리감을 느낀다. 바로 이것이 순수하지 못한 이들의 모습이다.

이러한 순수의 개념은 과거 기독교인들이 행한 세례식에서 잘 나타난다. 당시 기독교인들은 진정한 신앙인으로 거듭나기 위해서 세례자에게 세례를 받았다. 이는 세상과 세월의 무게 속에서 죄 짓고 순수함에서 멀어져 굳어버린 자신을 세례를 통해 다시 순수함의 상태로 되돌리려 하려는 것이다. 그렇게 순수해졌을 때 비로소 성령이 자신에게 임할 수 있게 되기 때문이다. 순수함의 절차인 세례는 물 속에 자신의 육체를 담금으로써 이루어진다. 물은 생명과 순수를 상징한다. 예수도 세례자 요한으로부터 요르단강에서 자신의 몸을 강물에 담금으로써 세례를 받았다.

인생의 동반자에게 좀 더 순수함을 바라는 것은 결혼을 함으로써 자신의 삶을 새롭게 만들어가려는 것과 다르지 않다. 새로운 출발은 기존에 나를 에워싼 인위적이고 순수하지 못한 것들에서 비롯될 수 없다. 우리가 새 출발을 하려 할 때에는 늘 기존의 것에서 벗어나 새로운 출발점을 가지고 싶어한다.

마찬가지로 결혼이라는 새 출발을 위해 순수한 상대로부터 자신도 그러한 좋은 영향을 받고 싶은 것이 모든 미혼자들의 마음이다. 그러나 내 자신이 진정 순수해지기 위해서는 결국 타인이 아닌 내 자신의 노력이 필요하다. 이는 내 마음, 즉 정신의 시간을 달리 대할 때 가능해진다. 세례식을 통해 물에 육체를 씻어 순수한 자신으로 태어나듯, 내 정신은 치열한 사유를 통해 세상의 틀과 세월의 흔적들을 씻어내고 그러한 구속에서 벗어나야 한다. 나이가 지긋한 노인이 체면치레를 생각하지 않고 아이처럼 즐거워하고 흥겨움을 표현하는 것은 순수한 일이다. 누군가를 처음 대할 때 자신의 인생을 통해 구축한 선입견에서 벗어나 그 사람 자체를 바라보고 대하는 것은 순수하다. 나이가 든 연인이 마치 20대의 연인처럼 편견 없이 서로를 아끼고 사랑을 표현하며 세상의 잣대로 상대를 구속하지 않는다면 그들의 관계는 순수하다.

철학자 후설은 두 가지 종류의 시간이 있다고 하였다. 우리의 의식이 체험하는 주관적 시간과 수학적이고 물리적인 시간, 즉 객관적 시간이다.[civ] 이러한 후설의 구분은 참으로 옳다. 우리에겐 두 가지 차원의 시간이 공존하고 있다. 객관적 시간의 흐름은 내가 어찌할 수 있는 부분이 아니다. 이 시간의 흐름과 싸우고 고민하는 것은 답이 없는 문제를 풀려는 것이고, 답이 없는 문제를 잡고 늘어질수록 더욱 힘들고 불안해지며 상황을 악화시킨다. 그러나 주관적 시간, 즉 내 마음속의 시간은 어떻게 노력하고 사유하느냐에 따라 다르게 흐를 수 있다. 그러한 시간은 오직 나의 마음 안에서만 잴 수 있다.

우리는 절대적이고 객관적인 시간에 너무 익숙해져 있다. 어린이와 청년, 성인과 미성년자를 나누는 기준도, 결혼에 대한 적당한 나이를 구분하는 기준도, 모두 객관적인 시간만을 상정하고 있다. 하지만 이 절대적 시간의 구분이 주는 당혹감을 생각해보라. 당신은 13세가 되던 새해 첫날 어린이에서 청년으로 확실히 성장하였다고 느꼈던가? 우리는 만 19세가 되면 갑자기 자신이 성인이 되었음을 진정 느끼는가? 성인이 되었기에 성인다워야 한다는 고정관념 속에 좀 더 어른스러워 보이는 것들을 추구해야 한다는 의무감이 생김으로써 기존에 즐기던 재미있고 아름다운 것들을 손에서 놓게 된 경험도 있을 것이다.

성인이라는 절대 시점을 상정함으로 인해 우리는 정말로 즐겁고 소중한 것들 일부를 잃어버리는 것이 사실이다. 그래서 성인들은 늘 소년의 즐거웠던 시절을 동경하고, 그 시절을 진정 행복하다고 기억하기도 한다. 결혼도 마찬가지이다. 누구나 20대에서 30대가 되는 30세의 새해 첫 날에 이제는 결혼을 할 준비가 다 되었다고 생각하거나, 결혼을 안 하면 늦어지는 그런 절대적 나이로 변했다고 느끼지 않는다. 결혼은 그 사람에게 맞는 때가 있고 준비해야 할 시간이 필요하다. 절대적인 시간과 나이로 결혼의 잣대를 삼을 수 없다.

이처럼 우리의 마음 속 시간은 어떠한 시점을 기준으로 정확히 나뉘고 절대적으로 분절되지 않는다. 그래서 베르그송은 시간이란 지속되는 것이라고 하였다. 과학의 시간처럼 초나 분의 단위로 끊어서 생각할 수 없는 분절되지 않고 지속해서 흐르는 시간이다. 이 시간은 동질적이지 않고 늘 변하고 또 이질적인 시간이며 우리의 마음에 직접적으로 주어지는 시간이다.[cv] 이렇게 마음 속에 주어지는 시간은 객관적 시간과 다르게 흐른다. 이 사실을 제대로 이해하고 받아들인다면 우리는 객관적인 시간과 나이에 관계없이 순수해질 수 있다. 세상에서 부여하는 시간과 나이에 개의치 않고 자기 본래 생각과 주체성을 유지하며 떳떳하고 자유롭게 사는 것이다.

미혼자들이 이러한 시간의 의미를 이해하면서 서로가 그렇게 되려 노력한다면, 그리고 그렇게 이해하는 미혼자들이 하나 둘씩 늘어나 다수가 된다면, 언젠가 나이와 상관없이 인생의 동반자를 만날 더 바람직한 기회를 서로에게 선사하는 때가 올 것이다. 이것이 바로 육체적인 시간의 지배로부터 자유로워지는 것이고 미혼자들의 진정한 시간이다.

💬 시간과 기억

       나란 존재는 무엇일까? 나의 정체성은 과연 무엇이라 할 수 있는가? 이 질문에 아우구스티누스는 다음과 같이 조언을 한다.

> 저는 그 곳에서 나 자신(자의식)을 만나고 기억합니다. 제 과거의 경험을 꺼내 보기도 하고 미래의 행동을 예상하기도 합니다. 만약 기억 속에 나에 대한 이미지들이 보관되어 있지 않다면, 저는 아마 나에 대해 한마디도 말하지 못했을 것입니다.[cvi]

  아우구스티누스가 말했듯 우리에게 기억이 존재하지 않는다면 '나'라는 생각도 말도 할 수 없다. 내 기억 속에 나를 구성하는 관념이나 이미지 등이 존재하지 않다면, 나는 육체만을 가진 껍데기일 뿐이며 내 정체성은 존재하지 않는다.

  기억은 곧 존재를 구성한다. 그리고 이 기억은 시간을 필요로 한다. 시간이 없다면 기억은 나타나지 않는다. 시간 안에서 운동하지 않는 것은 없고, 운동한다는 것은 늘 변하고 있다는 뜻이기 때문이다. 변화가 있기에 차이를 느낄 수 있고 차이가 있기에 기억이 구성되며 시간을 인지하게끔 한다. 시간이 없다면 기억은 존재하지 않고 기억이 사라지면 마찬가지로 마음 속 시간도 사라진다. 베르그송은 정신의 본질이 이성이나 지성에서가 아닌 기억에서 근원된다고 보았다. '마음', '정신'이라는 뜻을 가진 단어 'mind'는 '잊혀지지 않는', '상기하는'의 뜻을 가진 라틴어 'memor'에서 유래되었다.[29][cvii] 기억과 시간은 모두 나의 마음과 나라는 존재를 구성하는 본질이다.

1926년 미국에서 태어난 헨리 몰레이슨은 9살 때 머리를 다친 후부터 간질을 앓았다. 그는 27세가 되던 해에 간질 치료의 마지막 방법으로 실험적인 수술을 받게 된다. 이 수술은 당시 간질을 일으킨다고 짐작되는 뇌 부위를 제거하는 수술이었다. 이 부위는 내측두엽으로 '해마'라는 기관이 포함된 부위였다. 이 해마는 기억능력을 담당하는 부위로, 해마 없이는 새로운 기억이 생겨날 수 없다. 당시의 뇌 의학은 이 사실을 알지 못하였고 그렇게 수술은 집행되었다. 결국 헨리 몰레이슨은 해마를 잃어버렸고 그 이후부터 2008년 죽을 때까지 50년 동안 새로운 기억을 만들어 내지 못하는 불행한 삶을 살았다. 흥미로운 것은 해마 제거로 인해 새로운 기억은 만들지 못하였지만, 수술 전의 기억 자체마저도 상실한 것은 아니었다는 점이다. 그는 수술 전의 과거를 기억하기에 자신의 이름도, 포크 사용법도, 자신의 어머니도 기억해 냈지만 수술 이후의 삶은 전혀 기억하지 못하였다. 그는 그렇게 50년 동안 매일 아침 일어날 때마다 전날 벌어졌던 일을 기억 못하고, 매일 자신에게 무슨 일이 일어났는지 되물으며 지냈다.[cviii]

---

29) '기억'이라는 단어 'memory' 역시 동일한 라틴어 'memor'로부터 유래되었다.
  * 참고: http://www.etymonline.com(Online Etymology Dictionary)에서 'memory' 검색

그의 마음 속 시간은 늘 수술 바로 직전까지 흘렀으며 그 이후 시간의 흐름은 그에게 더 이상 허용되지 않았다. 덕분에 그는 자신의 존재를 한걸음도 더 새롭게 진전시키지 못하였다. 그의 비극적인 일화는 우리에게 기억은 나의 존재를 구성하는 본질적인 요인이며, 기억이 없다면 시간도 무의미함을 가르쳐주었다.

 그렇다면 기억은 무엇일까? 단순히 과거의 사실이나 암기된 내용을 떠올리는 것인가? 기억은 단순히 과거에만 관계된 일인가? 기억은 과거가 아니다. 기억은 망각을 포함하고 있다. 그러므로, 기억은 과거 그대로가 아닌 현재라는 시간을 받아들이며 나의 정신 속에서 내 인식 수준과 이해 수준에 맞게 새롭게 형성되는 것이다. 따라서 망각과 함께 되살려지는 과거의 기억은 늘 새롭다. 철학자 가다머는 이를 자신의 저서 『진리와 방법1』에서 아주 명쾌히 밝혀준다.

> 기억은 형성되지 않으면 안 된다. 왜냐하면 기억은 일체의 모든 것에 대한 기억이 아니기 때문이다. 우리는 어떤 것은 기억에 보존하고 싶어하고 또 어떤 것은 기억에서 지워버린다.
>
> 〈중략〉
>
> 기억에 간직하는 것과 상기하는 것의 관계에는 망각이 속해 있다는 사실이 오랫동안 충분히 고려되지 않았다. 망각이란 단지 탈락이나 결여만이 아니라 니체가 강조했던 정신의 삶의 한 조

건이기도 하다. 망각을 통해서만 정신은 전적으로 새로움의 가
능성, 즉 모든 것을 신선한 눈으로 보는 능력을 가지게 되며 따
라서 오랫동안 친숙한 것이 새롭게 보이는 것과 더불어 다양한
층의 통일성으로 융합된다. ^{cix}

　가다머의 이러한 기억에 대한 설명은 다음의 예에서 확실하게
이해된다. 1962년 미국 정신과 의사 다니엘 오퍼는 14세 소년 73
명을 모집해서 부모, 가정 환경, 이성에 대해 심도 있게 인터뷰하
였다. 34년이 지나 그들이 48세가 되던 해에 오퍼는 다시 그들을
모아 10대 시절에 대해 기억하도록 하였다. 그 인터뷰 결과는 가
히 놀라웠는데 그들은 34년 전 그들이 기억했던 바와 일치하게
기억하는 내용이 거의 없었다. 더 놀라운 것은 그럼에도 불구하
고 그들은 자신들의 현재 기억이 확실한 사실이라고 여기고 있었
다는 사실이다.^{cx} 이는 우리의 기억이 과거 그 자체가 아님을 잘
말해준다. 설사 우리는 과거 그 자체를 기억하고 있다고 생각하
고 있더라도, 실상 우리는 과거를 있는 그 자체로 기억하지 못하
며 그 기억은 현재 순간의 상태에 따라 변형되고 재구성된다. 이
는 동일한 과거에 대한 기억도 지금 내 기분이나 상황, 여건에 따
라 달리 나타날 수 있음을 의미한다. 즉, 기억은 과거의 사실 그대
로의 보유가 아니라 지금 현재에서 망각할 것은 망각하고 안 할
것은 안하며, 새롭게 구성되어야 할 것은 새롭게 구성하는 상기의
능력이다. 격론적으로 기억은 과거가 아닌 현재라 할 수 있다.

우리는 시간을 과거, 현재, 미래의 형태로 구분한다. 그러나 시간은 우리 마음속에서 오직 현재로만 존재한다. 예를 들어 이성을 소개 받고 그 이성을 찻집에서 처음 만나게 된 때를 떠올려보자. 그 이성과 보내는 2~3시간 동안 우리는 그냥 아무 생각 없이 시간을 보내지 않는다. 우리 마음속이나 머리 속에는 시시각각 떠오르는 느낌이나 생각들이 있는데, 이는 각각 과거에 벌어졌던 일이나 미래에 대한 기대나 희망, 현재 그 사람을 만나는 감정 등이 복합되어 나타나는 것들이다.

　그런 것들이 우리의 마음 속에 떠오르거나 기억될 때, 그들은 명확히 과거나 미래로 분절되어 나타나는 것이 아니다. 이것들 모두는 과거이든 미래이든 지금 나의 현재에서 내 현재로써 나타나는 것이다. 즉, 상대방이 한 이야기가 과거 옛 연인과의 추억을 떠올리게 한다면 그 추억은 나의 과거로 나타난 것이 아니라 지금 나에게 나타나 현재에 영향을 주고 있고, 나는 그 추억을 지금 과거, 현재를 구분하지 않고 오직 현재의 느낌이나 생각으로 받아들인다. 상대방과 마주하고 있는 지금 상대방과 내 미래를 함께 할 것인지 생각해본다면, 그 미래는 미래의 것이 아닌 지금 현재에 관한 것이다. 이렇게 과거와 현재, 미래는 모두 나의 현재란 형태로 함께 흐른다. 이러한 시간에 대해 아우구스티누스는 다음과 같이 설명한다.

우리는 어릴 때 시간에는 과거, 현재, 미래의 세가지가 있다고 배웠습니다. 저는 이 세가지 시간에 대해 확실히는 모르지만 이것만은 압니다. 과거와 미래가 어디에 있든 또 무엇이든 간에 반드시 현재라는 형대로 존재한다는 것이지요. 예를 들어 제가 과거의 소년시절을 이야기할 때도 제 기억 속에 남아 있는 그 이미지를 보고 현재의 언어로 회상하며 말합니다.

〈중략〉

우리가 미래를 본다는 것은 미래의 사건 자체를 보는 것이 아니라 그 사건을 예견하는 현재의 자료를 보는 것입니다. 현재를 보고 미래를 예견합니다. 그러므로 과거도 미래도 현재 존재하지 않는다는 것은 분명하고 따라서 세가지 시간이 있다는 말도 정확한 것은 아닙니다. 오히려 지나간 것들의 현재, 지금 존재하는 것들의 현재, 다가올 것들의 현재라고 말해야 옳습니다. 시간의 이런 세가지 면은 우리 영혼 안에 존재하며 다른 어떤 곳에서도 그것들을 찾을 수 없습니다. 과거를 생각하는 현재는 기억이며, 현재를 생각하는 현재는 직관이고 미래를 생각하는 현재는 기대입니다. [cxi]

우리의 시간은 현재에서만 의미가 있다. 우리가 누군가와 행복하고 아름다운 시간을 만드는 것이 중요한 이유는 지금이 매우 행복하다는 것이며, 행복한 이 현재의 시간은 아름다운 추억이 될 것이고 미래에도 여전히 나의 삶을 행복하게 해줄 것이라 여기는 현재의 믿음이다. 우리가 아름답고 바람직한 꿈을 가져야 하는 이유는 나의 미래가 보장받고 확실해지기 때문이 아니다.

그럼으로써 나의 현재는 기대에 찬 순간이 되고, 긍정적이고 희망적인 시간이 되기 때문이다. 그러한 현재가 나의 시간을 채우게 되면 어느덧 내 삶은 풍성해진다. 나의 삶이 새롭게 바뀌고 있음을 깨닫게 된다. 현재가 변해 미래가 밝아지는 것이지, 현재와 동떨어진 미래의 밝음은 있을 수 없다. 어둡고 얼룩진 과거도 마찬가지다. 그러한 과거를 지금 현재 내가 부정적이고 회피하고 싶은 것으로 받아들이면 과거는 여전히 그런 어두운 것이다. 그러나 그러한 과거를 내가 성숙할 수 있고 깨달을 수 있었던 원동력이자 기회였다고 받아들이고 지금의 내가 존재하게끔 해준 것이라 받아들이면, 그 과거는 더 이상 어둡지 않고 밝고 의미 있는 현재가 되어버린다. 과거의 사건은 지나간 것으로 더 이상 존재하지 않고, 오직 현재의 내 정신에서만 존재하기 때문이다.

중세 철학자이자 신학자였던 아우구스티누스는 서양철학사의 시간에 대한 논의에 있어 매우 깊은 통찰력을 제공한 이다. 그는 자신의 저서 「고백록」에서 시간에 대한 통찰의 정수를 보여준다.

현재만이 중요하다. 레비나스는 현재란 자기로부터 출발하는 것이며 이러한 현재는 과거로부터 어떤 절대적인 것을 물려받는 것이 아니라 하였다. 현재는 늘 새로운 출발이다.[30] 이는 나의 과거와 기억을 모조리 소멸시키고 과거와 단절된 새로운 출발을 하라는 주문이 아니다. 과거에 얽매이거나 구속되는 것이 없어야 비로소 자신으로부터 현재를 시작할 수 있다는 뜻이다. 또한 레비나스는 미래가 시간이 되려면 현재와 관계를 맺어야 한다고 하였다.[cxii] 예를 들어보자. 우리는 죽는다는 것을 두려워한다. 죽음은 언젠가는 찾아오겠지만 아직은 도래하지 않은 미래의 사건이다. 하지만 지금 현재 내가 그 죽음에 대해 마음 쓰지 않고 나에게 어떤 영향도 줄 수 없다면, 죽음은 나에게 두려움도 아니고 불안도 아닌 아무것도 아닌 것이다. 죽음이라는 미래가 지금 내 현재에 아무런 관계를 맺지 못하였기 때문이다. 마찬가지로 미혼자들은 자신의 미혼을 미래의 외로움, 불안함, 소외됨 등의 부정적인 것으로 연결시키지 않고, 오직 지금 이 현재에 충실하면서 또 즐겁고 행복한 순간들을 맞이하려 노력해야 한다. 새로운 출발은 장애 없는 자유로운 기억과 기대 속에서 더욱 원활해진다.

과거와 미래를 전적으로 부정하라는 이야기가 아니다. 다만 과거와 미래는 현재에서 준비된 자들에게만 큰 의미가 있을 뿐이다. 그렇지 않은 자들에게 과거와 미래는 오히려 현재를 옥죄는

---

30) 레비나스는 과거에 어떤 유산도 물려받지 않는 소멸이야말로 시작의 근본형식임을 말한다.
   *참고: 엠마뉴엘 레비나스 「시간과 타자」(강영안 역, 제1판, 문예출판사, 서울, 1996), 48쪽

족쇄가 될 뿐이다. 우리는 주변에서 과거의 영광이나 불행에 파묻혀 사는 이, 혹은 근거 없는 미래의 맹목적 희망이나 불행에 빠져 사는 이들을 본다. 현재를 충분히 향유하지 못하는 이가 애써 지나간 시간을 다시 자기 마음 속에서 더듬는 것은 자기 자아 만을 더욱 키우는 일이며 시간을 왜곡시키는 일이다. 모든 새로운 현재의 순간은 과거와 미래 어느 순간보다도 더 값지고 나은 것이다.

💙 시간과 창조

우리 속담엔 '시간이 약이다'란 말이 있고, 서구에는 '시간이 모든 것을 해결해 준다'[31]란 격언이 있다. 예부터 현자들은 큰 고민에 빠져 어찌할 줄 모르는 이들에게 때로는 문제를 당장 해결하려고 하기 보다는, 그저 시간에 맡기고 내버려 두는 지혜가 필요하다고 조언하였다. 사안에 따라서 걱정이나 복잡한 문제들을 당장 해결하려고 노력하는 것보다, 그저 시간이 해결해 주기를 기다리는 것이 오히려 지혜로운 선택일 때가 많다. 시간은 우리에게 새로움을 주기 때문이다. 시간 속에서 달라지지 않는 것은 없다. 어제의 나와 오늘의 나는 다르고, 동일한 문제

---

31) 'Time heals all wounds.'

라도 어제의 나와 한달 뒤의 나에게는 서로 다른 의미로 다가온다. 설사 그 문제를 잊고 있었고 또 그에 대해 아무런 행동을 하지 않았다 하더라도 말이다.

시간은 변화를 만든다. 그렇기 때문에 시간은 우리가 할 수 없는 것들을 하고 우리를 새로움과 연결시켜준다. 시간은 모든 존재를 늘 새롭게 이끌며 동일하게 있지 못하도록 움직이는 힘이다. 레비나스는 시간의 본질을 다음과 같이 표현하였다.

> 시간이란 단순히 흘러가는 것이 아니라 우리를 우리가 지니고 있는 것으로 향하지 않도록 다른 곳으로 끌고 가는 역동성이다. 마치 '우리와 같은 것'을 넘어서는 운동이 시간 안에 있는 것으로 보면 된다. 그리하여 시간이란 닿을 수 없는 타자성과의 관계요, 따라서 규칙적인 순환이나 반복의 단절이다. [cxiii]

시간이 우리를 새로움으로 이끈다면 그 새로움을 받아들이는 우리의 자세는 무엇이어야 하는가? 현실에 안주하려는 태도, 역동성을 거부하고 안정성만을 추구하는 자세, 변화와 모험을 회피하려는 마음가짐 등은 시간을 오해하는 것이다. 미혼자들이 삶을 안정성 측면에서만 바라보고 자신의 영혼의 동반자를 단지 경제적 안정성의 확보나 미적 감각 만족의 대상, 혹은 성적 욕망의 충족을 위한 대상으로만 대하고자 한다면 그들의 시간은 새로워지기 어렵다.

시간의 흐름은 지구를 사는 모든 존재들에게 적용된다. 시간을 느낀다는 것이 꼭 인간만의 유일한 특권은 아닐 것이다. 철학자 리차드 테일러는 인간이 아닌 비이성적 존재, 즉 동물과 같은 존재들도 시간을 느낀다고 설명한다.[cxiv] 예를 들어 덫에 걸린 동물은 자기의 생명이 쇠하고 있음을 느끼고 죽음이 다가옴을 지각한다. 하지만 그들과 인간과의 큰 차이는 인간은 오늘의 시간을 어제와 동일한 시간이 되지 않도록 차이를 만들려 노력한다는 점이다. 시간의 흐름 속에서 차이를 만들 수 있기에 인간은 역사를 가질 수 있었고 동물은 그럴 수 없었다. 시간이 주는 새로움 속에서 차이를 만드는 것을 우리는 '창조'라고 한다. 테일러는 시간 속 창조 능력이야말로 신이 인간에게 공유해준 능력이며, 이를 통해 우리는 자기 삶에 의미를 부여한다고 주장한다.[cxv] 진정한 창조는 단순히 물질적인 무엇인가를 새롭게 만드는 것을 넘어 자신의 과거와 미래마저도 새롭게 하는 것이다.

시간과 창조에 대해서 더 깊이 이해하고자 한다면 내면으로 들어가보라. 앞서 언급했듯 우리는 마음 속에서 시간을 내 생각대로 받아들이고 재배치하며 내 과거, 현재, 미래를 새로이 만들어 간다. 당신은 자신의 삶을 온전히 설명하기 위해서 과거 어린 시절부터 현재까지의 시간을 순서대로 되새기며 삶을 해석하고 의미를 부여하는가? 그렇지 않다. 분명 순차적인 시간의 흐름과 상관없이 자신에게 중요하고 의미가 있는 사건이나 순간들을 숭심으로 시간을 재배열하며, 이러한 시간들이 서로 유기적으로 작용하여 삶이 구성된다. 그럼으로써 객관적인 사건이나 사실과는 상관없이 우리 모두는 자신만의 시간과 세계를 창조하고 있다.

우리는 종종 보편적이지 않은 특이한 사람을 가리켜 '그 사람은 자기만의 세계가 있는 사람이야'라고 한다. 하이데거에 따르면, 인간은 자기만의 세계 속에 있는 존재[32]이다. 사실 누구나 자기만의 세계를 구성하고 있고 그 속에서 산다. 그 세계는 시간과 공간을 기본 틀로 하여 그 속에서 자신이 겪고 배우고 관심 갖는 여러 요소들이 배치되고 구성된다. 이 세계의 기본 틀인 이 시간과 공간은 절대적이고 고정되어 존재하지 않는다. 늘 주관적이며 상호적이다. 지금 어린 시절 당신에게 큰 의미를 주었던 기억과, 이틀 전 있었던 점심식사를 한 기억을 같이 떠올려보라. 어느 기억이 지금 당신에게 더 가까이 존재하는가? 마찬가지로 멀리 떨어진 당신의 연인과 지금 당신 옆 집에 사는 이웃 중 누가 당신의 마음속에 가까이 존재하는가? 오래 된 일이 생생히 나의 기억 속에 존재하고 나에게 아직도 영향을 준다면, 더 이상 그것은 내게 먼 과거의 일이 아니다. 마찬가지로 내가 그리는 사람이 멀리 있다 하여도 늘 마음속으로 그 사람을 생각하고 떠올린다면 그 사람은 멀리 떨어져 있지 않다.

어떻게 마음을 쓰고 있는가가 곧 나의 세계가 된다. 이러한 마음 씀이 곧 창조의 시작이자 전부이다. 나의 세계 속에서 시간을

---

32) 이를 하이데거는 '세계-내-존재'라고 하였다.

창조하는 이는 바로 나 자신, 내 마음이다. 따라서 우리는 마음 속에서 자신만의 시간을 가질 수 있고 그것이 곧 내 존재가 된다. 하이데거는 자신의 저서 『존재와 시간』에서 마음 씀과 시간 그리고 인간의 존재에 대한 창조의 의미를 담은 다음의 우화를 소개한다.

쿠라[마음 씀]가 강을 건너자, 거기서 그녀는 진흙을 발견하였다. 골똘히 생각하면서 쿠라는 한 덩어리를 떼내어 빚기 시작했다. 빚어진 것을 옆에 놓고 생각에 잠겨 있을 때 주피터[수확]가 다가왔다. 그녀는 빚어진 덩어리에 정신을 부여해 달라고 주피터에게 간청하였다. 주피터는 쾌히 승낙하였다. 자기가 빚은 형상에 그녀가 자기 이름을 붙이려고 하자, 주피터는 이를 거절하고 자기 이름을 붙여야 한다고 주장하였다. 이름을 가지고 쿠라와 주피터가 다투고 있을 때, 텔루스[대지]도 나서서 그 형상에는 제 몸의 일부가 제공되었기 때문에 자기 이름이 붙여지길 바랐다. 그들은 사투르누스[시간]를 판관으로 모셨다. 사투르누스는 아래와 같이 그럴 듯하게 판단하였다:

"정신을 준 너 주피터는 그가 죽을 때 정신을 취하고, 육체를 준 너 텔루스는 육체를 가져가라. 하지만 쿠라는 이것을 처음으로 만들었으니, 이것이 살아있는 동안 너의 것으로 함이 좋다. 그러나 이름으로 인해 싸움이 생겼는지라, 호모[인간]라 부르는 것이 좋다. 후무스[흙]로 만들어졌기 때문이다" [cxvi]

🖤 시간과 매력

　　　　타인이 없다면 나의 시간 역시 존재하지 않는다. 나의 세계를 구성하는 가장 중요하면서 큰 영향을 미치는 존재가 바로 타인이기 때문이다. 레비나스는 홀로 있는 이에게 시간을 말한다는 것은 불가능하다고 하였다.[cxvii]

> 얼굴과 얼굴을 마주한 상황은 진정한 시간의 실현이다. 미래로 향한 현재의 침식은 홀로 있는 주체의 일이 아니라 상호 주관적인 관계이다. 시간의 조건은 인간들 사이의 관계 속에 그리고 역사 속에 있다. [cxviii]

　시간과 타인 사이에는 동일한 측면이 있다. 이는 다름아닌 '다르다'는 사실이다. 다르기 때문에 어제와 오늘의 차이를 구분할 수 있고, 나와 타인을 구별할 수 있다. 앞서 언급하였듯 시간은 나를 늘 똑같이 있지 못하도록 하며 다르게 만든다. 마찬가지로 타인도 나와는 다르다. 타인은 내가 알고 있는 것들과는 다른 역사와 시간을 담고 있기 때문이다. 타인은 늘 신비롭고 새로운 존재이다. 그래서 우리는 새로운 시간에 설레듯 타인에게 설레고 기대한다.

　나와 다른 타인을 통해 세상을 알아가고 더불어 나 자신도 알아간다. 타인과의 관계 속에서 몰랐던 나를 찾고 확인하게 된다.

싱글의
철학

타인은 내 모습을 드러낼 수 있는 존재이면서 나에게 많은 것을 가르쳐주는 존재이다. 그렇기 때문에 우리는 타인을 필요로 하고 또 타인에게 기대하게 된다. 그러므로 한 사람의 매력이란 곧 나와 그 사람은 다르다는 사실에서 비롯된다. 다시 말해 그 사람만의 고유한 개성 혹은 주체성이 그 사람의 매력이라 할 수 있다.

그러나 미디어와 자본의 영향력이 비대해진 오늘날, 매력의 본질이 훼손되었다. 보이는 것이 전부가 되어버린 나머지 매력 또한 단지 시각적 요소에서 찾으려 한다. 시각적 매력 중에서도 특히 오똑한 콧대, 쌍꺼풀이 있는 큰 눈, 키, 갸름한 얼굴형 등의 몇 가지 요소가 매력의 동일한 획일적인 잣대가 된다. 반면 내적인 자질이나 교양, 인간성과 같은 시각 외적인 부분의 주체성을 구성하는 측면은 그 가치가 무척 간과되고 있다. 다음은 주변에서 매력적인 외모에 대한 인정을 충분히 받고 있는 미혼 여성과의 상담 대화이다.

내담자 저는 정말 더 예뻐질 거예요.

상담사 왜요? 지금도 충분히 매력이 넘치는데….

내담자 그래서 저를 떠나버린 전 남자친구를 후회하도록 해주고 싶고, 또 당당하게 더 좋은 남자를 만나서 보여주고 싶어요.

상담사 아 그래요? 그런데, 어떤 남자가 좋은 남자인가요? 어떤 남자를 만나고 싶어요?

내담자 일단 경제력은 어느 정도 뒷받침이 되는 한에서 저를 사랑해주고, 또 착하게 마음 쓸 줄 아는 그런 이해심 있는 남자요.

상담사 그런 남자를 만나는데 지금 이미 본인의 외모는 충분하지 않나요?

내담자 아니요. 조금 부족해요.

상담사 어떤 점이 부족하죠?

내담자 이마에 잔주름 조금 있는 거 펴야 되고, 또 코를 아주 조금만 손대고 싶어요.

상담사 그러면 더 매력적으로 될까요?

내담자 네. 병원에서도 그렇게 이야기하고 제 친구들도 그것만 좀 보완하면 훨씬 달라져 보일 거라고 다들 그래요.

상담사 그렇게 조금 더 외모를 갖추면 본인이 방금 이야기한 정도의 남자를 만날 가능성이 더 높아질까요?

내담자 아무래도 그렇겠죠. 여자가 더 예뻐지면 남자가 조금이라도 더 관심을 가지잖아요.

상담사 그렇긴 한데 조금 더 생각해 볼 필요가 있을 것 같아요.

내담자 ?

상담사 본인이 원한 남자는 본인 이야기대로라면 본인을 진정 사랑해줄 줄 알고 착하게 마음 쓰는 순수한 남자인 것 같은데, 그런 남자가 지금 본인이 가진 충분한 매력보다 더 많은 외모적인 매력을 바라는 남자일까요?

내담자 아무래도 더 예쁜 여자일수록 끌리지 않나요?

상담사 물론 그것도 사실이죠. 그런데 본인이 원하는 그런 수준의 남자라면 외모만큼이나 여성의 다른 면도 중요하게 여겨야 하는 남자 아닌가요? 정말 괜찮은 남자라면 물론 외모를 보긴 보겠지만 그것 못지 않게 외모 외적인 면도 중요하게 여기는 사람이어야 하잖아요. 특히 상대의 인격이나 개성 등… 그렇다면 지금 본인이 그런 전체적인 측면에서 어떤 부분을 더 가꾸는 데 신경을 써야 하는지 생각해 볼 필요가 있지 않을까요?

한 사람의 전체적인 모습을 보려 노력하지 않고, 단지 부분적인 매력에 의해 사랑에 빠지면 그 사랑은 얼마나 갈 수 있을까? 특히 그러한 일부분이 시각과 같은 감각과 본능에 의존된다면? 누구나 처음 사랑에 빠지면 대뇌 미상핵 부위가 활성화된다고 한다. 이 부위가 활성화되면 본능에 충실해지며 타인의 시선도 의식하지 않고 애정표현을 과감히 할 수 있게 된다. 흥분이나 쾌감을 일으키는 신경전달 물질인 도파민 분비가 활발해진다. 소위 눈에 콩깍지가 씌워지게 되는 것이다. 그러나 시간이 지나면서 조금씩 뇌 활성화에 변화가 생긴다. 본능에 충실하게 해주는 미상핵 부위에서 이성적 판단을 담당하는 대뇌 신피질 부위로 활성화 부위가 점점 옮겨간다. 그럴수록 상대가 무조건 매력적으로 보이는 것이 아니며 보이지 않던 많은 모습들을 보게 되고 단점도 함께 눈에 들어오게 된다. 이런 이유로 통상적으로 본능적이고 열정적인 사랑을 느끼는 기간은 18개월에서 30개월이라고 한다.[cxix] 흔히 사랑에는 유효기간이 있다고 하는 이야기가 그리 근기 없는 이야기는 아닌 듯 하다 문제는 '유효기간이 지난 이후의 사랑은 어떤 모습으로 유지되어야 하는가'이다. 열정적이고 뜨거운 에로스적인 사랑에서 우정과 같은 동료애가 가득한 스톨케적인 사랑으로 변해가야 한다. 에리히 프롬은 사랑의 공통적 요소로써 존경을 강조한다. '존경'이란 뜻의 단어 'respect'는 '바라보다'의 어원 'respicere'에서 유래된 것으로, 진정한 존경은 상대를 있는 그대로 바라보며 그의 독특한 개성, 즉 주체성을 아는 것이라고 설명한다.[cxx] 즉, 품위가 느껴지고 나오는 다른 그 사람만의 주체성에 대해 존경하는 마음이 들 때, 사랑은 열정을 넘어 인간적이고 우정과 같은 생명이 긴 사랑으로 나아가게 된다.

단지 외면적 매력에만 집중하며 자신의 고유하면서 전체적인 매력, 즉 주체성을 찾고 가꾸는 데 소홀히 한다면 그 사람이 겪게 될 사랑의 과정과 결과가 어떤 모습일지 짐작하는 것은 그리 어렵지 않다. 칸트는 외면적으로 매력적인 여성이 남기는 깊은 인상은 마찬가지로 더욱 매력적이고 유혹적인 다음 여성에 의해 지워질 수 있다고 하였다. 이는 여성뿐만 아니라 일상의 다른 예들에서도 찾아볼 수 있다. 단지 외모가 뛰어난 배우나 가수는 생명력이 짧으며 그 다음 등장하는 새로운 매력적인 외모의 배우나 가수에 의해 금세 대체되고 잊혀진다. 그러나 자신만의 혼을 담은 연기와 노래로 사랑을 받은 배우나 가수는 시간이 지날수록 자신의 가치를 더하고 더 사랑을 받게 된다. 세기의 미모를 자랑했던 엘리자베스 테일러는 자신의 육체적 매력에 깊이 집착하였던 배우이다. 그녀는 각종 성형을 서슴지 않았고 자신의 외모를 빛나게 해주는 보석을 사랑하였다. 그녀는 여덟 번 결혼하고 여덟 번 이혼하였다. 인생의 황혼에서 그녀는 다음과 같이 회고한다.

> 나는 평생 동안 화려한 보석들에 둘러싸여 살아왔어요. 하지만 내가 정말 필요로 했던 건 그런 게 아니었어요. 누군가의 진실한 마음과 사랑, 그것뿐이었어요. [cxxi]

역사상 여성의 미를 상징하는 대표적인 두 여인으로 이브와 마리아를 꼽을 수 있다. 이브는 나체로 등장하며 아름다운 용모와 육체를 가진 것으로 묘사되고, 마리아는 그렇게 빼어난 용모는 아니지만 전체적인 그녀의 모습과 분위기에는 현명하고 수수한 아름다움이 느껴진다. 이브는 유혹을 상징하고 마리아는 구원을 상징한다. [cxxii] 여성의 매력에 대한 이러한 대립적 모습은 육체적 매력을 추구하는 것과, 정신적이고 순수한 매력을 추구하는 것에 대한 많은 생각을 하게끔 한다.

소크라테스는 에로스에 대해 논하는 '향연'에서, 아름다움의 본질을 보려 노력한다면 육체가 아름답다는 것은 결코 특별한 것이 아님을 알 수 있다고 말한다. 외면적 측면에서 아름다운 육체들은 모두 비슷할 것이며, 결국 아름다움이란 그렇게 동일한 것이기 되어버리기 때문이다. 일례로 오늘날 여성의 아름다운 몸매를 떠올리면 내부분 비끈힌 클리빙 몸매를 상상하게 된다. 수

크라테스는 이렇듯 아름다운 모든 육체들은 다 동일하게 매력적이므로, 우리는 아름다운 한 육체만을 귀하게 여기지 않고 가볍게 생각하게 된다고 한다. 그 육체가 아니더라도 다른 비슷한 아름다운 육체를 찾을 수 있기 때문이다. 그러므로 그는 마음의 눈을 통해 볼 수 있는 정신의 아름다움이 육체의 아름다움보다 더 소중하다고 말한다.[cxxiii]

나를 올바로 이해하고 이렇게 이해된 자신을 제대로 표현하려 할 때, 우리는 시간에 구애 받지 않는 진정한 매력을 가질 수 있다. 이는 억지로 표현하거나 내세우려 하지 않아도 은은히 발산되며 타인을 이끄는 매력이다. 우리가 누군가에게 호감을 느끼는 것은 단지 좋은 몸매에 피부가 곱고 외모가 빼어나서만이 아니다. 오히려 표면적으로 드러나지 않은 상대의 인격과 성숙함을 느낄 때 매우 큰 매력을 느끼고, 무한한 호감을 갖게 되기도 한다. 그러한 매력은 누구나 발견할 수 있는 것이 아니기에, 자신이 그러한 매력을 알아챘다는 매우 풍부한 만족감을 제공한다. 첫눈에는 그리 매력적이지 않았으나 시간이 갈수록 또는 더 알아갈수록 그 매력이 크게 느껴지는 이들도 그러하다. 칸트는 다음과 같이 매력적인 모습에 대해 말한다.

아주 아름답지 않기 때문에 첫눈에 특별하게 효력을 발휘하지 않는 모습은 일반적으로 가까워져 마음에 들기 시작하면 더욱 더 받아들여지고 점점 더 아름다워진다. 그러나 그와 반대로 일격에 느껴지고 점차적으로 무관심해지는 아름다운 모습이 있다. [cxxiv]

물론 외면적인 매력이 중요하지 않다는 것이 아니다. 다만 같은 외면의 매력이라도 일반적이고 보편적인 기준에 부합하는 매력보다, 자기만의 분위기를 만들어가는 그런 매력이 되어야 한다. 그러한 매력을 만들고 찾을 수 있는 사람은 오직 자기 자신뿐이다. 자신의 매력에 대한 가장 완벽한 평가는 자기 자신 속에서 우러나오는 것이어야 한다. 남을 대하거나 평가할 때 외모의 측면을 과도히 살피는 이라면 그들 마음 속에는 오히려 어딘가 모르게 자신의 매력에 대한 자신감이 없거나 아직 자기만의 매력을 찾으려는 시도를 해보지 못한 것이다. 그러한 이들일수록 타인의 시선이나 평가에 크게 마음 쓰며 그것들에 맞추려 하고 열등감을 가지고 있기도 하다.

완벽한 것은 매력이 없다. 실제로 너무 완벽한 사람에게서는 인간적인 호감이 잘 느껴지지 않는다. 따라서 자신의 모든 것을 다 매력적으로 만들 필요도 없다. 모든 면에서 다 완벽한 매력을 갖추려 하는 것은, 오히려 자신의 고유한 매력을 가리는 것이다. 조용한 가운데 하나의 목소리만 들리는 것과, 동일한 강도로 여러 목소리가 들리는 것 중 어느 쪽이 더 잘 들리는가? 밝은 곳에서 비치는 빛과 어둠이 있는 곳에서 비치는 빛은 어느 것이 더 빛나 보이는가? 부족한 점이 자신의 진정한 매력을 완성한다. 그러기 위해서는 먼저 자신만의 고유한 색깔을 찾고 이해해야 한다. 그래야 자신의 단점이 흠이 되지 않고 나라는 전체 속에서 조화를 이루며 매력을 나타내는 한 부분이 되어준다.

6장

인연

어떠한 상황에서든 상황 그 자체를 넘어 사태의 본질을 보려는 노력은 매우 중요하다. 이러한 노력은 우리가 살면서 겪는 일시적인 경험이나 기억들에 과도하게 흔들리거나 메이지 않고 조화로운 현재를 살아갈 수 있도록 돕는다. 일시적인 경험이나 기억에 매달리게 되면 본래 추구해야 할 것들을 놓치고 스스로 속이는 삶이 되어 버린다. 인도 우파니샤드 철학에는 '마야'라는 말이 있다. 마야는 '환영(幻影)'이라는 뜻이다. 이 마야는 우리가 삶을 경험하면서 내 마음, 즉 자아가 만들어내는 일종의 기만이자 현혹 작용으로 그때 그때마다 모습을 바꾸며 본질을 보지 못하도록 한다. 인도 출신의 유명작가 디펙초프라는 다음과 같이 마야를 설명한다.

자 여기 얼음 한 덩이, 수증기 한줄기, 혹은 눈송이 하나를 당신에게 보여주고 있다고 칩시다. 그대의 눈에 물이 보이오? 만약 그렇다고 말한다면 그대는 마야를 극복한 것이오. 얼음, 수증기 혹은 눈송이로 형태는 다르지만 그 본질은 물이오. 이걸 볼 수 있다면 마야는 당신을 속이지 못할 것이오. 그러나 만약 물을 보지 못한다면 그대는 미망(迷妄)에 걸려든 게요. 얼음, 수증기, 그리고 눈송이가 그대의 눈을 가려 본질인 물을 보지 못하도록 한 것이라오. 본질을 못 보게 하는 것은 거창한 마법이 아니라오. [cxxv]

결혼을 염두에 두고 상대를 판단하고 고르려 할 때에는 사안의 중요성이 너무도 막중한 나머지, 숲을 보지 못하고 나무만 보게 되기 쉽다. 그 과정에서 마야에 마음을 빼앗기고 진정 자신을 위한 선택의 눈을 흐리게 되는 때가 많다. 인연에 대해 고민이 큰 미혼자들은 무엇보다 자기 삶을 위해 인연에 대한 올바른 선택을 방해하는 마야를 극복해야 할 과제가 있다.

♥ 이상형

누구나 자기만의 이상형을 가진다. 내 이상형은 그동안 내가 듣고, 보고, 겪고, 느낀 모든 것들이 반영된 산물이며 과거와 현재 미래의 인연에 직간접적으로 영향을 끼치는 것이다.

따라서 이상형을 제대로 이해하는 것은 자신을 제대로 이해하는 것과 다르지 않다. 마찬가지로 상대의 이상형을 알게 되면 조금이라도 그 사람을 더 알게 된다. 상대가 가진 이상형은 그 사람의 생각과 마음을 볼 수 있는 매우 대표적인 것이다. 그래서 미혼자들이 첫 만남의 자리에서 가장 자주 묻는 질문 중의 한가지는 이상형이 어떻게 되는지 이다. 그 사람의 이상형을 봄으로써 그 사람의 세계와 그가 추구하는 바를 엿볼 수 있기 때문이다.

이상형을 보는 것이 나와 타인을 아는 것과 깊은 연관이 있다는 사실은 '이상'이라는 말의 유래에서 확인할 수 있다. 플라톤의 철학에서 등장하는 이데아(idea), 즉 이상은 본래 '보다', 혹은 '알다'라는 뜻의 단어 이데인(idein)'에서 유래되었다. 그러나 플라톤이 말하는 이데아는 단순히 눈으로 보는 것을 통해서 알 수 있는 것이 아니다. 이는 시각이라는 감각을 넘어 우리의 정신 혹은 영혼을 통해 파악하고 알게 되는 것으로, 마야를 뛰어넘는 본질에 대해 접근하는 것이다. 눈으로 보는 것 혹은 겉으로 드러나고 있는 현상은 본질이 아니라는 것이 플라톤의 세계 이해 이다. 그는 이상, 즉 이데아의 세계야말로 본질의 세계이며 현실 저 너머의 세계라 하였다.

이상형은 간절히 바라는, 또 만나고픈 사람이지만 현실 속에서는 만날 수 없는 사람이다. 따라서 이상형은 유토피아와 같다. 유토피아란 말은 토마스 모어가 이상사회를 그렸던 책 제목 『utopia』(유토피아)에서 처음으로 소개되었다. 그는 유토피아를 두 가지의 이중적 의미로 사용한다. '어디에도 존재하지 않는 세계'라는 뜻과 '완전하고 좋은 세계'라는 뜻이다. 유토피아는 결코 도달할 수 없지만, 또한 현실의 세계와 시간적으로나 공간적으로 연결된 꿈 같은 곳이다.

유토피아, 즉 이상형에는 다음 두 가지의 측면이 공존한다. 하나는 그 시대 그 사회가 추구하는 대중적인 가치를 담고 있으며, 다른 하나는 시대를 넘는 보편적이며 참된 가치를 담는다. 이 두 가지가 함께 어우러져 그 사람만의 이상형을 나타낸다. 우리는 어디까지나 자신이 속한 사회와 시대를 벗어나서는 고려될 수 없다. 우리가 꿈꾸는 이상형은 분명히 그 시대 그 사회가 추구하는 대중적 가치를 포함한다. 자본주의 시대에는 자본이라는 가치가 이상형과 무관할 수 없다. 반면, 이성을 가진 우리는 시대와 장소를 초월하는 보편적이고 올바른 가치에 대해서도 생각한다. 이상형에는 시간과 공간에 구속되지 않는 참된 가치도 포함되어 있다. 아무리 자본을 가진다 하더라도 인간성이나 성격을 이상형의 조건으로 고려하지 않는 이는 없다. 이렇게 서로 다른 두 측면이 적절히 조합되어야 참된 이상형이라 할 수 있다.

이 두 측면의 적절한 조화란 곧 그 사람의 사유 수준을 따라간다. 그리고 현실의 삶 속에서 나에 대한 구체적인 이해가 담겨야 한다. 그렇게 이상형은 내 현실과 사유를 반영한다. 그래서 철학자 가다머는 유토피아란 어떤 행동이나 실천의 목적을 세우는 것이 아니라 현실비판이자 반성을 말하는 것이라고 했다.[cxxvi]

이상형에는 현실비판이 있고 사유가 있다. 그러므로 이상형은 단순한 이성에 대한 기호와 환상과는 분명 다른 것이다.

사회학자 장보드리야르는 기호나 환상을 쫓아다닐 때 한편으로는 현실과 변화 등의 진정한 측면들이 억압되고 설 자리를 잃는다고 한다. 그러한 인간은 점점 신화를 만들고 그 신화를 쫓아 다니게 된다. 그 신화는 바로 현실비판과 자기 성찰이 결여된 환상이자 몽상이다. 예를 들어 드라마나 영화에서 만들어낸 인위적이고 환상적인 이미지를 그대로 받아들여 이상형을 삼는다. 어떤 이는 타인들이 말하는 과장이 포함된 이성관을 맹목적으로 수용하며 자기 이상형으로 착각하게 되는 경우가 있다.

이상형은 목적이 아니다. 이상형을 목적으로써 반드시 달성해야 하는 것으로 여기며 자신이 만나야 할 이를 이미 구체적인 신화 속에 그려놓은 이들의 흔한 특징은 요행을 바라는 것이다. 동반자를 만난다는 것을 삶의 성숙이나 사랑의 배움과 같은 것으로 여기지 않고, 인생의 수준을 한 단계 업그레이드 시키는 수단과 같은 것으로 여기는 것이다. 이들의 배우자 선택은 위험해진다. 자기 자신과 현실에 대한 반성이 없기 때문이다. 목적을 달성하기 위해 그러한 조건의 상대란 생각이 들면 자신과 상대가 어울리는지 함께 생각해보기도 전에, 쉽게 진정한 자신의 인연이라 단정해버린다.

자신의 이상형에 대해 깊이 생각해보는 일은 미혼자들에게 매우 바람직한 일이다. 이상형이란 꼭 달성해야 할 목적이 아니기에, 이상형을 실제로 만나겠다는 것과 이상형에 대해 생각해보는 것은 다른 일이다. 어떤 이를 만나겠다는 차원이 아니라 내가 어떤 사람과 만날 때 진정 삶을 올바로 꾸려갈 수 있으며, 어떤 사람이 내 인생에 인연이 되어야 하는지 사유하다 보면 몰랐던 내 자신의 단면들을 인식하게 될 수도 있다. 나와 삶의 이해를 높이는 일이 이상형에 대한 사유 속에 있다.

♥ 인연(人緣)과 인연(因緣)

아직 짝을 정하지 못한 미혼자들에게 '인연'이란 단어는 특별함을 가진다. 그들에게는 두 가지 인연이 있다. 지나간 인연과 다가올 인연! 이 인연들은 다양한 모습으로 그들에게 다가온다. 지금 현재에서 바라보았을 때 놓쳐서 안타까웠던 인연, 나에게 많은 상처를 주었던 인연, 정말 내게 귀중했지만 당시에는 그 귀중함을 몰랐던 인연, 어딘가 있을 것 같은 인연, 영원히 내게 다가오지 않을 것 같은 인연……. 이러한 다양한 인연의 모습들을 어떻게 받아들이냐에 따라 그 인연은 추억이 되기도 하고 상처가 될 수도 있으며, 설렘과 기대가 될 수도 있지만 절망과 저주가 될 수도 있다.

미혼자들이 인연에 대해 크게 마음 쓰며 사는 것은 당연한 일이다. 그러나 인연에 대한 잘못된 생각이나 부족한 이해로 인해 생기는 마야는 스스로를 괴롭히고 현재에서 인연을 만드는 일에 부정적인 영향을 끼친다. 가장 흔한 예가 지나간 인연이 상처로 남아있거나 다른 인연에 대한 비교 잣대가 되어 새로운 인연으로 나가는 것을 방해하는 일이다.

우리가 흔히 생각하는 인연은 인연(人緣)에 가깝다. 인연(人緣)이란 어떠한 사람과의 맺어짐을 의미한다. 과거 연인과의 인연(人緣)은 당시 그 사람과 맺어졌던 삶이고 앞으로 기대하는 인연(人緣)이란 미래의 동반자와 맺어지고 함께 사는 일이다. 그러나 본래 인연은 인연(人緣)이 아니라 인연(因緣)을 가리킨다. 인연(因緣)은 직접적인 원인과 간접적인 원인이 모두 작용하여 일어나는 결과를 뜻한다. 불가의 가르침에 따르면 인연(人緣)은 인연(因緣)에 의해 생겨난다. 인연(人緣)은 그에 합당한 원인이 있어 그로 인해 나타나는 현상이자 결과일 뿐이다.

우리는 들판에 피어난 꽃을 본다. 하지만 그 꽃은 그저 그 아래 잘 보이지 않는 곳에서 그렇게 피도록 만드는 수많은 뿌리와 줄기들, 그리고 비와 바람, 햇빛 등을 원인으로 하여 생겨난 결과물이다. 그렇게 보이지 않는 거대함이 만들어내는 일부만이 현재 우리 시야에 잡혔을 뿐이다. 인간 관계도 마찬가지이다. 인연으로 나타난 것은 수많은 다른 원인들의 결과 중 우리에게 나타난 부분에 불과하다. 어떠한 사람과 관계를 가지게 되는 것 또는 인연을 맺게 되는 것에는 나름의 이유가 있다. 그 인연 혹은 관계의 당사자가 자신이라면 그 인연과 관계는 자기 자신을 하나의 중요한 원인으로 비추고 있다. 그 사람과의 인연은 바로 내 자신을 반영하는 거울에 다름 아니다.

하지만 자신의 인연이 자신을 원인으로 반영하는 것이라는 사실이 논리적으로나 과학적으로 이해되기는 쉽지 않다. 그래서 많은 이들이 이러한 인연의 설명을 부정한다. 그 인연과 나 자신이 원인임을 설명해주는 눈에 보이는 합당한 연결고리를 찾을 수 없다는 것이다. 그래서 그들은 특별한 원인이나 인과 관계없이 그저 우연하게 맺어진 것을 인연이라 생각한다. 이렇게 인연을 인연이 아닌 우연으로 받아들일수록 과거의 인연에 집착하거나 미래의 인연에 요행을 바라게 되기 쉽다. 아무 상관없이 우연히 모든 일이 일어나기 때문이다.

그래서 원인을 가지지 않는 나쁜 우연, 즉 악연에 대해서는 저주하고 비관하며 쉽게 떨치지 못하고 질질 끌고 다닌다. 특히 과거의 인연에 대해 집착하는 이들은 대부분 자신들이 과거 이기적이고 아주 못된 인연의 피해자라 여긴다. 그들에게 그러한 인연이 바로 자기 자신을 비추고 있다는 것을 인정하는 일은 매우 어려운 일이다. 예를 들어, 매우 이기적인 전문직 상대와 오랜 연인 관계를 가지다가 헤어졌다고 가정해보자. 자신은 그 상대와 진지한 미래를 꿈꾸며 그 사람에게 헌신을 다해 잘해주었는데도 불구하고 이별통보를 받았다면 얼마나 억울한가? "난 그 사람에게 아무것도 잘못한 것이 없는데, 그 사람은 나에게 너무 못되게 굴었고 나에게 많은 상처를 주었어요."

하지만 조금만 더 증명된 것만을 인정하는 실증적이고 계산적인 사고방식에서 벗어나 나 자신과 거리를 두고 생각해보면, 인연은 반드시 나를 반영하고 있다는 사실을 아는 것은 결코 어려운 일이 아니다. 다음의 세 가지를 이해할 수 있다면 분명히 나를 반영하는 인연에 대해 더 확실히 느끼게 될 것이다.

첫째, 인연은 이분법적 구분, 즉 선연과 악연으로 구분되지 않는다. 물론 쉽지 않은 일이다. 그러나 인연을 이분법적으로 분별하며 옳고 그름, 좋고 나쁨의 기준에서 바라보면 사유에는 선입견이나 인위성이 개입된다. 사람은 대부분 자기 위주로 생각한다. 그래서 자신이 한 행동 중 자신이 피해를 받거나 당한 것 위주로 기억하고 생각한다. 동일한 사안에 대해 다른 두 당사자가 기억하는 사실이 다른 것은 이러한 이유 때문이다.

둘째, 과거 내 인연의 상대는 그 당시의 또 다른 내 모습이었다. 예를 들어 내가 이기적인 사람과 인연을 맺어 이리저리 마음 고생하며 상처를 받았을 때, 그 이기적인 사람이 내게 다가올 수 있었던 것은 그 사람을 인연으로 받아들인 자신이 있었기에 가능한 것이다. 그러한 그의 모습 속에서 특별히 끌리는 면을 당신 자신 속에 가지고 있었기 때문이다. 인연의 마침표도 마찬가지다. 예를 들어 돌이켜 보면 놓치기 아까운 인연이었으나 성격 차로 헤어졌다면, 헤어짐의 원인이 된 상대의 성격은 이제는 당신이 받아들일 수 없었던 또 다른 당신의 모습이자 상황이었다.

우리가 누군가와 인연을 맺게 될 때에는 다른 사람이 아닌 바로 그 상대를 인연으로 맞아들이게 되는 우리의 의식 수준과 감정이 있다. 당시 자신은 상대의 이면이 아닌 저면 만을 보고자 했고, 그를 '이렇게'가 아닌 '저렇게' 이해했다. 그래서 그와 인연을 맺게 된 것이다. 매 순간 내 의식과 감정의 상태에 따라 특정한 사람을 만나게 되고, 그 사람을 특정한 방식으로 대하게 되며 그 사람에게서 특정한 영향을 받는다. 이렇게 우리의 의식과 감정은 인연을 설명해주는 가장 좋은 인과의 고리이다. 이러한 의식과 감정 또한 그냥 우연히 생성되는 것이 아닌 당신의 인생 전체에 걸쳐 말하고, 생각하고 행한 결과물들에 다름 아니다.

셋째, 인과는 죄책감과 아무 상관이 없다. 자신이 지은 죄가 많고 잘못한 일이 많아 지금의 인연들을 만들어냈다는 맹목적인 죄책감에 사로잡혀, 현실을 비관하거나 잘못된 결과를 무조건 수용하려 하는 것 또한 바람직한 일이 못 된다. 상처가 되는 인연을 이해하고자 시도하는 이들 중 적지 않은 이들이 이렇게 자신을 비판하고 자책한다. 불가의 인연법에 의하면 우리의 인연이 죄나 벌과 보상 등 대립적으로 구분되는 것은 무의미한 일이다. 그저 과거, 현재 혹은 미래의 나라는 원인이 있었기에 그러한 인연이 생성되었을 뿐이다. 따라서 인연은 오직 잘잘못을 떠나 나를 비추는 거울이 되고, 나를 더욱 성장시키고 성숙시키는 계기로 삼게 될 때에만 비로소 의미가 있다. 그러므로 죄의식이나 우월감과 상관없이 인연을 바라볼 수 있어야 한다. 지나간 인연은 오직 나를 성숙시키는 데 한해서만 의미가 있다.

이 세상에는 하늘의 별만큼이나 수많은 사람들이 존재한다. 그 사람들 중 어떻게 나는 그 사람과 인연을 맺을 수 있었을까? 어떻게 그 사람만이 그 수많은 사람들 중에서 특별해졌을까? 생각해보면 참으로 놀라운 우연이 아닐 수 없다. 그 우연은 자신의 이상, 성향, 무엇보다 자신의 의식 수준과 감정 등을 반영한다. 이것이 곧 인연의 원인이다. 그 인연은 우리의 실패이자 실수가 아니라 나라는 원인을 반영하는 결과일 뿐이다. 이는 지금의 내게 삶의 교훈을 주고 더 성숙하도록 돕는다. 그러므로, 과거의 인연에 대해 상처를 느끼고 집착하는 것은 올바르지 못하다. 마찬가지로 미래의 인연에 대해 지나친 환상이나 행운을 바라는 것 또한 잘못된 일이다.

원인이 생기면 반드시 결과가 나타난다. 다만 이 결과가 우연이라는 이름으로 나타날 뿐이고 우리가 그렇게 받아들이는 것뿐이다. 이 우연은 아무 근거 없고 의미 없는 우연이 아니다. 철학자 들뢰즈는 필연은 우연에 의해 생성되며 또 긍정된다 하였다. 그는 우연의 모든 조합 속에서 결과로써 선택된 하나의 필연이 도출된다고 한다.[cxxvii] 따라서 이 필연은 우연으로부터 나온 것이고 이 우연을 긍정해야만 우리는 삶을 제대로 사는 것이다. 자신에게 다가온 우연을 마치 실패한 것인 양 부끄러워하거나 고통스럽게 받아들이고, 또 우연을 뒤집으려 하고 인위적으로 이 우연을 자신이 바라는 결과대로 되돌려 놓으려 하는 것은, 자신의 삶과 인연에 대해 올바로 대하는 일이 아니다. 이는 우연이라는 이름으로 다가온 인연을 제대로 이해하지 못한 것이다.

들뢰즈는 이러한 삶을 주사위 던지기에 비유하며 비판한다. 주사위를 던져 나온 숫자가 자신이 원하는, 혹은 계산했던 숫자가 아니기에 그 숫자가 나올 때까지 던지고 계산하는 주사위 던지기는 제대로 주사위 놀이를 할 줄 모르는 이다. 주사위를 던질 때이미 그 주사위에는 나올 수 있는 모든 조합이 들어 있었다. 던져서 나온 그 숫자, 즉 우연을 그저 긍정하듯 우리는 삶의 우연을 긍정해야 한다. 들뢰즈는 다음과 같이 니체의 말을 인용한다.

> 오, 자신의 도약에서 실수한 호랑이처럼 부끄러워하고 수치스러워하는 서투른 우월한 인간이여, 그래서 나는 당신들이 슬그머니 빠져나가는 것을 종종 보았다. 당신들은 주사위 던지기를 실수하지 않았다. [cxxviii]

모든 단 한번의 우연이라도 긍정되어야 한다고 말하고 있다. 우연을 거부하고 원망하는 것은 다음의 우연들 역시 거부하도록 만든다. 스스로 욕망하고 의욕한 최종의 우연이 아닌 우리 삶에 등장한 단 하나의 우연을 긍정하는 것, 이것이야말로 자신의 운명을 사랑하는 것이고 자신의 과거 인연에 매이지 않으며 앞으로 다가올 인연에 새로운 의미를 부여하는 일이다. 그렇게 한번 던져서 나온 주사위의 우연한 숫자를 긍정할 때, 또 다시 던지는 주사위의 수나 운명 역시 긍정할 수 있다.

올바른 인연을 만들고자 원한다면 우리가 할 수 있는 최선의 길은 인연과 자신에 대해 사유하는 것이다. 우리의 사유는 원인을 만든다. 다시 말해 결과가 나올 수 있는 우연의 조합을 만든다. 간접적이거나 직접적이든 간에 말이다. 따라서 사유는 인연의 주사위를 만드는 일이다. 그 주사위에 나만의 문양을 그려 넣는 것이다. 그 주사위를 던지면 나오는 결과는 내가 만들어낸 문양의 조합이라는 우연 안에 머문다. 주사위 문양과 조합을 만들어 넣는 것, 이것은 사유를 통한 원인을 만드는 일이다.

인연이 반드시 결실을 맺어야 한다고 생각한다면 이 또한 하나의 구속이다. 인연이 결혼의 서약으로 맺어지든, 비극의 결말로 귀결되든, 그 인연은 여전히 내게 소중하며 나 자신을 반영하는 거울이다. 그 인연은 내가 가지고 있던 우연의 조합 중의 하나였으며, 앞으로 살아갈 나에게 더 성숙할 수 있는 기회를 제공하고 내게 어떠한 의미를 말해주고 있는 또 다른 인연의 원인이다.

글을 마치며

심리학 박사이자 최면요법 치료가인 마이클 뉴튼 박사는 내담자들과의 상담을 통해 그들 영혼과 나눈 대화를 기록한 『영혼들의 여행』에서 다음과 같이 와트 사원의 한 스님의 이야기를 전한다.

인생은 자신을 표현하기 위해 주어진 것이다. [cxxix]

자신을 제대로 표현하는 삶은 진실하다. 진실한 삶만이 완전하다. '진실성'을 뜻하는 영어 단어 'integrity'는 '온전한, 손상을 입지 않은'의 뜻을 가진 라틴어 'integer'에서 유래한다. 이는 진실한 것이 곧 완전하고 전체적인 것임을 보여준다. 삶이 진실하지 않다면 완전할 수 없고, 완전하지 못할 때 우리는 형용할 수 없는 허무함에 빠지게 된다. 인생에서 나 자신에게 또 타인에게 진실하지 못했던 때를 떠올려 보자. 분명 마음 한 켠에 무언가 찜찜하고 답답한 공허감을 느꼈을 것이다. '공허, 무의미'를 뜻하는 영어 단어 'hollow'는 전체를 뜻하는 'whole'에서 첫 글자 'w'를 빼면 남는 부분인 구멍 'hole'에서 나왔다고 한다.^{cxxx} 전체적이고 온전한 자신의 모습이 아닌, 마치 한 구석에 구멍이 난 듯 자신의 모습 일부만으로 살아가고자 할 때, 우리는 공허감 또는 삶의 무의미함을 느끼게 된다.

그러나 한가지 의문이 생긴다. 우리에게 진정 영혼이 있다면 왜 인생의 목적을 자신을 표현하는 데 두는 것일까? 굳이 표현하지 않아도 자신은 이미 자기 자신일터인데…. 이에 대한 나의 설명은 이러하다. 인생은 육체를 가지고 사는 것이다. 제 1장 말머리에서 언급하였듯 우리는 육체를 통해 유한함을 부여 받았다. 유한하기에 우리는 인생을 통해 선택하고 고민하며 늘 새롭고 다른 것을 겪고 배우게 된다. 물론 이 과정에는 고통도, 분리도, 시련도 있다. 하지만 우리의 영혼은 이러한 험난한 과정 속에서도 자기 자신을 잃어버리지 않고 유지할 줄 알기를 바라며, 더 중요하게는 자신과는 다른 것들을 경험하는 과정 속에서 나와 다른 것 또는 내게 없는 것까지도 자신에 알맞게 받아들이며 더 크고 성숙한 존재가 되고자 하는 것이다.

인도 우파니샤드철학의 가르침에 따르면, 우리는 단 한번의 인생을 사는 존재가 아니다. 나의 육체는 단 한번을 살지만 내 안에 있는 영혼(아트만)은 윤회를 하며 계속 삶을 이어간다고 한다. 왜 우파니샤드철학에서는 영혼이 육신을 바꾸어 가며 윤회를 계속한다고 하였을까? 깨달음을 얻어 진리에 다가가기 위함이다. 나도 타인도 모두 명확히 단절되고 구분되지 않는 서로 이어진 하나의 존재임을 깨닫는 것이다. 따라서 지나친 경계도 분리도 부질없음을 점점 깨닫게 되면서 영혼은 더 진리라는 완전함에 가까워진다. 그리고 언젠가 이 완전함에 다다르게 될 때 비로소 더 이상 어떠한 굴레나 속박에도 걸림이 없이 자유로워진다. 그럼으로써 고통에서 완전히 벗어나게 된다. 이러한 상태를 우파니샤드에서는 '모크샤'의 경지에 들었다고 한다. 성경에서도 이와 같은 맥락의 이야기를 한다. 타인과 나 사이를 분리함 없이 그들을 사랑하고 대할 때 영원하고 고통 없는 행복한 세계, 즉 아버지의 나라에 임하게 된다고 한다. 성경의 다음 문구를 보라. '네 이웃을 네 몸과 같이 사랑하라.' 우파니샤드의 모크샤 경지에 이르는 것, 불가의 열반에 드는 것, 성경에서의 아버지 나라에 임하는 것 모두 같은 진리를 향한다고 할 수 있다.

이러한 철학과 종교의 통합적인 가르침이 와 닿는다면 한번쯤 스스로에게 질문해보자. 진리를 깨닫는 과정으로써 지금 내 삶이 주어졌다면 나는 지금 충분히 삶의 본래 목적 혹은 소명대로 살고 있는가? 윤회를 통해 주어진 삶들에는 각 생마다 주어진 깨달음의 과제가 있다. 그래서 윤회의 경험이 많은 오래된 영혼일수록 각 생들을 통해 완전성을 채우는 데 필요한 다양한 경험을 하고 깨달으며 완전함에 가까워진다고 한다. 내가 이번 생에 깨달아야 할 과제는 우리의 삶 속에서 오직 내 본성, 내 삶을 진실하고 제대로 표현할 때에만 이행할 수 있다. 이것이 바로 인생이란 험난한 여정 가운데에서도 구체적인 삶을 유지하는 일이 중요한 이유이고, 인생은 자신을 표현하기 위해 주어졌다고 말하는 이유이다.

그러나 바로 이 대목에서 우리는 한걸음 뒤로 물러서게 된다. 만에 하나 나의 진정한 모습, 내가 진정 바라는 것을 알았다 하더라도 지금 내가 처한 험난한 현실은 나로 하여금 이것을 추구할 수 있는 여유를 주지 않는다. 현실은 그렇게 만만하지 않다. 그렇다고 현실을 내팽개쳐 버릴 수도 없는 노릇이다. 이러한 현실을 생각해보면 결국 우리는 현실과 이상은 다르다는 허탈함과 함께 다시 제자리로 되돌아 오게 된다. 만족스럽진 않지만 최소한의 수준이라고 생각하는 지금의 안정과 경제적 여건, 결혼을 염두에 둔다면 배우자에게 비춰질 나의 조건이나 수준, 결혼이 늦어질수록 점점 강해지는 주변과 사회의 시선과 압박……

니체는 우연히 태어난 당신의 존재를 필연적인 존재로 만들라 명한다. 늘 영원히 반복되는 인간의 삶 속에서 안정과 안전만을 추구하는 삶을 산다면, 당신은 그저 늘 반복되기만 하는 그런 삶을 택하는 것이고 인생에 어떠한 의미도 주지 못한다. 이 무의미한 선택은 우연히 태어난 당신의 존재에 어떠한 당위성도 부여하지 못한다. 그래서 니체는 우리 모두에게 강한 인간, 즉 초인이 되라 주문한다. 초인이란 타인의 가치나 틀을 버리고 주체적으로 자기 스스로의 가치와 세계를 창조하는 이이고, 여기에 동반되는 시련도 기꺼이 수용하는, 아니 오히려 긍정하는 이다.

우리는 니체를 통해 삶이란 도전하는 것이고 미래도 과거도 아닌 지금 현재를 긍정하고 향유하는 것이라 더 강하게 신념 할 수 있다. 우리의 삶은 언젠가 이루게 되는 삶이 아니며 언젠가 이루어졌던 삶도 아니다. 지금 이루어지고 있는 삶이다. 그러므로, 내 삶을 마치 실험하듯 살아보고자 용기를 낼 수 있다. 다행히 아직 돌볼 가족이 있는 것도 아니라는 사실은 이러한 용기를 내는데 미혼자들만이 가질 수 있는 큰 특권이다. 아이러니하게도, 이런 니체의 충고를 받아들이는 것은 그가 그토록 거부했던 종교 또는 철학의 지대한 공헌이 있었다. 즉, 우리의 삶은 여기가 끝이 아니기에 이 삶을 남들이 이야기하는 평범한 삶이 아닌 내가 주도하는 삶으로 살아볼 용기를 낼 수 있다.

운명은 자신을 시험하는 자에게만 자신의 모습을 드러낸다고 하였다. 도스토옙스키는 이 세상에서 내가 겪어야 하는 괴로움이 헛되다는 생각 외에는 두려워해야 할 것이 아무것도 없다고 하였다. 안정과 편안함 속에서는 내게 주어진 운명을 알 수 없고, 또 나 자신을 표현하는 삶을 살수도 없다. 미혼이라는 현실로 인해 시련을 느끼고 힘들어하는 미혼자들 역시 자신을 던져 내 운명을 찾아야 한다. 오늘의 시대는 과거처럼 타의에 의해 결혼상대를 찾는 시대가 아니며, 내 자신의 행복이 있는 가운데 결혼도 해야 하는 시대이다. 평범한 삶을 살기 위해 또는 그저 주변의 시선이 부담이 되어 나를 포기하고 나보다 결혼을 먼저 생각할 수는 없다. 좀 더 당당히 살 수 있어야 한다.

거대한 바다와 같은 삶 속에서 자신의 운명을 찾고자 헤쳐가 다 보면 거친 격랑을 마주하게 된다. 힘들고 지치며 혼란스러운 바로 그때, 모든 것을 내려놓고 자신의 운명을 신에게 맡기며 겸 허히 기도하는 것은 어떨까? "내 뜻대로 되지 마시옵고 아버지 뜻대로 되시옵소서."

Special Thanks

이 원고가 빛을 보는데 특별히 감사해야 할 분들이 있습니다.
먼저, 늘 이해해주시고 격려해주시는 부모님께 감사드립니다. 당신들이 베푸시는 사랑은 늘 새롭게 더 나은 모습으로 살아가도록 만드는 저의 원동력입니다. 이 책을 두 분께 바침으로써 조금이나마 감사의 마음을 전하고자 합니다.
또한 내게 사유의 문과 철학실천의 지평을 열어주신 박남희 스승님께도 진심으로 감사의 말씀을 올립니다. 스승님을 통해 사유가 우리의 삶에 얼마나 중요하며 일상 속에서 사유할 때 비로소 진리의 길을 찾을 수 있음을 깨닫게 되었습니다. 제자의 이 작은 사유의 산물을 스승님께서 기쁘게 보아주셨으면 합니다.
마지막으로 상담과 인터뷰에 임해주고 대화 내용을 본 글에서 소개하는 것을 허락해주신 내담자분들께 감사드립니다. 그 분들과의 대화는 이 글의 토대를 잡는 밑거름이었으며, 더불어 상담자인 저의 사유도 함께 자랄 수 있게 해준 진정한 선생님이셨다는 말을 꼭 전하고 싶습니다.

참고문헌

i. 새뮤얼 이녹 스텀프·제임스 피저 『소크라테스에서 포스트모더니즘까지』 (이광래 역, 제1판, 열린책들, 경기도 파주, 2004), 30쪽

ii. 같은 책, 33쪽

iii. 존 스튜어트 밀 『자유론』 (서병훈 역, 개정1판, 책세상, 서울, 2015), 37, 38쪽

iv. 에픽테토스 『엥케이리디온』 (김재홍 역, 제1판, 까치, 서울, 2003), 23쪽

v. 같은 책, 14쪽

vi. 같은 책, 84쪽

vii. 같은 책, 33쪽

viii. 박남희(2014) 『세기의 철학자는 무엇을 묻고 어떻게 답했는가』 서울: 세계사, 69쪽

ix. 김인석(2012) 「고통의 의미-빅터 에밀 프랭클의 로고테라피를 중심으로-」, 『인문학연구』, 제22호

x. 류경희·왕석순 (2010) 「기혼자가 인식하는 30-40대 비혼여성의 이미지: 비혼여성에 대한 고정관념을 중심으로」, 『한국가정과교육학회지』, 제 22권 3호

xi. 이영숙·박경란 (2003) 「대학생이 인지하는 독신여성에 대한 고정관념」, 『대한가정학회지』, 제 41권 10호

xii. 이충현(2015) 「고학력 비혼여성을 위한 철학상담 -레비나스 타자개념을 중심으로-」, 명지대학교석사졸업논문

xiii. http://www.etymonline.com/(Online Etymology Dictionary)에서 'ego' 검색

xiv. 에미 반 두르젠 『실존주의 상담과 심리치료의 실제』 (이정기, 윤영선 역, 제1판, 상담신학연구소, 경기도 부천, 2010), 310쪽

xv. 고은(2001) 『순간의 꽃』 경기도 파주: 문학동네, 50쪽

xvi. 새뮤얼 이녹 스텀프·제임스 피저 『소크라테스에서 포스트모더니즘까지』 (이광래 역, 제1판, 열린책들, 경기도 파주, 2004), 78쪽

xvii. 에리피 프롬 『사랑의 기술』 (시사영어사 편집국 역, 제1판, 시사영어사, 서울, 1998), 61쪽

xviii. 새뮤얼 이녹 스텀프·제임스 피저 『소크라테스에서 포스트모더니즘까지』(이광래 역, 제1판, 열린책들, 경기도 파주, 2004), 34~36쪽

xix. 백종현(2007) 『철학의 개념과 주요 문제』 서울: 철학과 현실사, 84쪽

xx. 한스 게오르크 가다머 『과학 시대의 이성』(박남희 역, 제1판, 책세상, 서울, 2009), 173쪽 (* 본 구문은 역자 박남희의 본 저서 뒷편 해제(실현의 진리를 구하는 가다머의 해석학)를 참고함.

xxi. 이엽(2012) 「이율배반: 칸트 비판 철학의 근본 동기」, 『칸트연구』, 제26집

xxii. 백종현(2007) 『철학의 개념과 주요 문제』 서울: 철학과 현실사, 84쪽

xxiii. 데카르트 『방법서설』(최명관 역, 제1판, 서광사, 서울, 1983), 9쪽

xxiv. 김상섭(2014) 「'인간성이라는 굽은 목재'와 인간의 인간화 문제」, 『칸트연구』, 제34집

xxv. 아리스토텔레스 『니코마코스 윤리학』(강상진·김재홍·이창우 역, 제1판, 길, 서울, 2012), 212쪽

xxvi. 케빈 홀 『겐샤이』(민주하 역,제1판, 연금술사, 서울, 2013), 63쪽

xxvii. 맹주만(2013) 「칸트의 도덕적 행복과 아리스토텔레스」, 『칸트연구』, 제32집

xxviii. 국립국어원 홈페이지(http://www.korean.go.kr/)

xxix. 조현용(2009) 「한자어계 귀화어의 유형 연구」, 『언어연구』, 제26권 제2호

xxx. 한스 게오르크 가다머 『과학 시대의 이성』(박남희 역, 제1판, 책세상, 서울, 2009), 173, 174쪽 (* 본 구문은 역자 박남희의 본 저서 뒷편 해제(실현의 진리를 구하는 가다머의 해석학)를 참고함.

xxxi. 손병석(2014) 「감정은 능동적일 수 있는가? 아리스토텔레스의 파테개념에 대한 인식론적 분석을 통해」, 『범한철학』, 제73집

xxxii. 손병석(2014) 「감정은 능동적일 수 있는가? 아리스토텔레스의 파테개념에 대한 인식론적 분석을 통해」, 『범한철학』, 제73집

xxxiii. 엘리엇 코헨 『지금 나는 고민하지 않는 방법을 고민 중이다』(전행선 역, 제1판, 애플북스, 서울, 2012) 86 ~ 89쪽

xxxiv. 김요한(2014) 「아리스토텔레스 윤리학에 나타난 감정과 이성의 상관관계에 관한 연구」, 『범한철학』, 제74집

xxxv. 조항범(1997) 『다시 쓴 우리말 어원이야기』 서울: 한국문원, 106쪽

xxxvi. 한스 게오르크 가다머 『진리와 방법1』(이길우, 이선관, 임호일, 한동원

역, 개정판 1쇄, 문학동네, 경기도 파주, 2012), 59쪽

xxxvii.   한스 게오르크 가다머 『과학 시대의 이성』 (박남희 역, 제1판, 책세상, 서울, 2009), 95쪽

xxxviii. 디팩 초프라 『죽음 이후의 삶』 (정경란 역, 제1판, 행복우물, 서울, 2007), 117쪽

xxxix.   프리드리히 니체 『차라투스트라는 이렇게 말했다』 (장희창 역, 제2판, 민음사, 서울, 2004), 372쪽

xl.   같은 책, 121쪽

xli.   네이버 국어사전

xlii.   http://www.etymonline.com/(Online Etymology Dictionary)에서 'insular' 검색

xliii.   천명주(2013) 「한나 아렌트의 고독속의 도덕적·치유적·정치적 기능에 대한 연구」, 『인문과학연구』, 제38집

xliv.   민중서림 편집국(2007) 『엣센스 국어사전』, 경기도 파주: 민중서림, 1364쪽

xlv.   http://terms.naver.com/entry.nhn?docId=388113&cid=41978&categoryId=41985(네이버 철학사전)

xlvi.   HarperCollins Collins(1995) 『Cobuild English Dictionary』, London: HarperCollins Collins Publishers, p983

xlvii.   HarperCollins Collins(1995) 『Cobuild English Dictionary』, London: HarperCollins Collins Publishers , p1588

xlviii.   천명주(2013) 「한나 아렌트의 고독 속의 도덕적·치유적·정치적 기능에 대한 연구」, 『인문과학연구』, 제38집

xlix.   어빈 얄롬 『실존주의 심리치료』 (임경수 역, 제1판, 학지사, 서울, 2013), 430~433쪽

l.   엠마뉴엘 레비나스 『시간과 타자』 (강영안 역, 제1판, 문예출판사, 서울, 1996), 36쪽

li.   앤서니 스토 『고독의 위로』 (이순영 역, 제1판, 책읽은수요일, 서울, 2011), 228~230쪽

lii.   제레미 홈스 『우울증』 (김종승 역, 제1판, 이제이북스, 서울, 2006), 51 ~ 57쪽

liii.   에리히 프롬 『자유로부터의 도피』(김석희 역, 제1판, 휴머니스트, 서울,

2012), 41쪽

liv.   같은 책, 44쪽

lv.   엠마뉴엘 레비나스 『시간과 타자』 (강영안 역, 제1판, 문예출판사, 서울, 1996), 95쪽

lvi.   김인석(2012) 「고통의 의미-빅터 에밀 프랭클의 로고테라피를 중심으로-」, 『인문학연구』, 제22호

lvii.   앤서니 스토 『고독의 위로』 (이순영 역, 제1판, 책읽은수요일, 서울, 2011), 32, 46쪽

lviii.   아리스토텔레스 『니코마코스 윤리학』 (강상진·김재홍·이창우 역, 제1판, 길, 서울, 2012), 367 ~ 373쪽

lix.   김성진(2005) 「탈레스 철학의 작용영향사와 아리스토텔레스의 테오리아」, 『서양고전학연구』, 제24집

lx.   새뮤얼 이녹 스텀프·제임스 피저 『소크라테스에서 포스트모더니즘까지』 (이광래 역, 제1판, 열린책들, 경기도 파주, 2004), 30쪽

lxi.   어빈 얄롬 『실존주의 심리치료』 (임경수 역, 제1판, 학지사, 서울, 2013), 438쪽

lxii.   케빈 홀 『겐샤이』 (민주하 역, 제1판, 연금술사, 서울, 2013), 57, 58쪽

lxiii.   앤서니 스토 『고독의 위로』 (이순영 역, 제1판, 책읽은수요일, 서울, 2011), 19쪽

lxiv.   앤서니 스토 『고독의 위로』 (이순영 역, 제1판, 책읽은수요일, 서울, 2011), 47, 48, 92쪽

lxv.   조선일보 기사 '미래학자 연쇄 인터뷰: 시간부족 사회 온다' (2007년 1월 15일자 기사)

lxvi.   버트런드 러셀 『행복의 정복』 (황문수 역, 제 2판, 문예출판사, 서울, 2009),211쪽

lxvii.   랜라하브의 철학실천 홈페이지: http://www.trans-sophia.net/115845/Course-on-Philosophical-Practice

lxviii.   한나 아렌트 『정치의 약속』 (김선욱 역, 푸른숲, 2007), 50쪽 : 천명주(2013) 「한나 아렌트의 고독속의 도덕적·치유적·정치적 기능에 대한 연구」, 『인간과학연구』, 제38집에서 재인용

lxix.   Richard D. Horan·Erwin Bulte·Jason F. Shogreen(2005) 「How trade saved humanity from biological exclusion: an economic theory of Neanderthal extinction」, 『Journal of Economic Behavior &

Organization』, Vol.58

lxx.   Huffington Post 종교 칼럼, 'Meditation Can Hold Feelings, But Only Other People Heal Our Pain' : http://www.huffingtonpost.com/josh-korda/meditation-can-hold-feeli_b_7840596.html

lxxi.   http://www.etymonline.com/(Online Etymology Dictionary)에서 'earth' 검색

lxxii. 플라톤 『플라톤의 대화편』 (최명관 역, 개정판, 창, 서울, 2008), 233쪽

lxxiii. 버트런드 러셀 『행복의 정복』 (황문수 역, 제2판, 문예출판사, 서울, 2009), 169~170쪽

lxxiv. 기다 겐·노에 게이이치·무라타 준이치 『현상학 사전』 (이신철 역, B) : 네이버 지식백과에서 재인용 (http://terms.naver.com/entry.nhn?docId=1718142&cid=41908&categoryId=41972)

lxxv.   http://www.etymonline.com/(Online Etymology Dictionary)에서 'believe' 검색

lxxvi. http://www.etymonline.com/(Online Etymology Dictionary)에서 'fear' 검색

lxxvii. 토어스텐 파프로트니 『철학의 유혹자 -사랑을 말하다-』 (조희진 역, 제1판, 말글빛냄, 서울 2007), 110쪽

lxxviii. 같은 책, 151쪽

lxxix. 노명우(2013) 『혼자 산다는 것에 대하여』 경기도 고양: 사월의 책, 68 ~ 71쪽

lxxx.   장 자크 루소 『에밀 또는 교육론2』 (이용철·문경자 역, 제1판, 한길사, 경기도 파주, 2008) 373~ 374쪽

lxxxi. 같은 책, 373쪽

lxxxii. 토어스텐 파프로트니 『철학의 유혹자 -사랑을 말하다-』 (조희진 역, 제1판, 말글빛냄, 서울 2007), 156쪽

lxxxiii. 윤단우·위선호 (2010) 『결혼파업, 30대 여자들이 결혼하지 않는 이유』 경기도 고양시: 모요사 19~20쪽

lxxxiv. 장보드리야르 『소비의 사회』 (이상률 역, 제2판, 문예출판사, 서울, 1999), 86쪽

lxxxv. 같은 책, 49쪽

lxxxvi. 같은 책, 33쪽, 56쪽

lxxxvii.   알랭 드 보통 『불안』 (정영목 역, 제1판, 은행나무, 서울, 2011), 96쪽

lxxxviii. 같은 책, 106쪽

lxxxix.   같은 책, 109쪽

xc.   엠마뉴엘 레비나스 『윤리와 무한』 (양명수 역, 제1판, 다산글방, 서울, 2000), 118쪽

xci.   같은 책, 99쪽

xcii.   장 자크 루소 『에밀 또는 교육론2』 (이용철·문경자 역, 제1판, 한길사, 경기도 파주, 2008) 374~376쪽

xciii.   토어스텐 파프로트니 『철학의 유혹자 –사랑을 말하다–』 (조희진 역, 제1판, 말글빛냄, 서울 2007), 209쪽

xciv.   http://www.etymonline.com/(Online Etymology Dictionary)에서 'universe' 및 'unique' 검색

xcv.   엠마뉴엘 레비나스 『시간과 타자』 (강영안 역, 제1판, 문예출판사, 서울, 1996), 86쪽

xcvi.   같은 책, 104쪽

xcvii.   토어스텐 파프로트니 『철학의 유혹자 –사랑을 말하다–』 (조희진 역, 제1판, 말글빛냄, 서울 2007), 128쪽

xcviii.   윤단우·위선호 (2010) 『결혼파업, 30대 여자들이 결혼하지 않는 이유』 경기도 고양시: 모요사, 138쪽

xcix.   플라톤 『플라톤의 대화편』 (최명관 역, 개정판, 창, 서울, 2008), 284~286쪽

c.   토어스텐 파프로트니 『철학의 유혹자 –사랑을 말하다–』 (조희진 역, 제1판, 말글빛냄, 서울, 2007), 265쪽

ci.   플라톤 『플라톤의 대화편』 (최명관 역, 개정판, 창, 서울, 2008), 289쪽

cii.   엠마뉴엘 레비나스 『윤리와 무한』 (양명수 역, 제1판, 다산글방, 서울, 2000), 90쪽 (* 본문에서는 부모가 아닌 아버지로 언급하고 있으나 레비나스가 말하는 아버지는 넓게 해석하면 부모라 대체할 수 있다.)

ciii.   피터하(2003) 「하이데거와 베르그송에 있어서 시간성 문제」, 『존재론 연구』, 제8집

civ.   김태희(2013) 「객관적 시간 구성에 대한 현상학적 분석 –후설의 이론에 기초하여–」, 『철학사상』, 제48호

cv.   홍경실(2001) 「앙리 베르그송의 시간철학에 관한 현상학적 접근」, 『철학

과 현상학 연구』, 제17집

cvi.   아우구스티누스『고백록, 젊은 날의 방황과 아름다운 구원』(정은주 역, 제1판, 풀빛, 서울, 2006), 140쪽

cvii.   피터하(2003)「하이데거와 베르그송에 있어서 시간성 문제」,『존재론 연구』, 제8집

cviii.   김대식(2014)『내 머릿속에선 무슨 일이 벌어지고 있을까』경기도 파주: 문학동네, 20~21쪽

cix.   한스 게오르크 가다머『진리와 방법1』(이길우, 이선관, 임호일, 한동원 역, 개정판 1쇄, 문학동네, 경기도 파주, 2012), 38쪽

cx.   신동민·하지연 (2012)『청소년을 위한 정신의학 에세이』서울: 해냄, 81쪽

cxi.   아우구스티누스『고백록, 젊은 날의 방황과 아름다운 구원』(정은주 역, 제1판, 풀빛, 서울, 2006), 167 ~ 167쪽

cxii.   엠마뉴엘 레비나스『시간과 타자』(강영안 역, 제1판, 문예출판사, 서울, 1996), 92쪽

cxiii.   엠마뉴엘 레비나스『윤리와 무한』(양명수 역, 제1판, 다산글방, 서울, 2000), 77쪽

cxiv.   리차드 테일러『형이상학』(엄정식 역, 제1판, 서광사, 경기도 파주, 2006), 258쪽

cxv.   같은 책, 255쪽

cxvi.   마르틴 하이데거『존재와 시간』(소광희 역, 제1판, 경문사, 서울, 1995), 287쪽

cxvii.   윤대선 (2004)『레비나스의 타자철학』서울: 문예출판사, 146쪽

cxviii.   엠마뉴엘 레비나스『시간과 타자』(강영안 역, 제1판, 문예출판사, 서울, 1996), 93쪽

cxix.   백경임(2007)『부모가 시작하는 내 아이 성교육』서울: 샘터

cxx.   에리피 프롬『사랑의 기술』(시사영어사 편집국 역, 제1판, 시사영어사, 서울, 1998), 59쪽

cxxi.   이옌『천만명의 눈물』(이은희 역, 제1판, 리베르, 서울, 2009), 77쪽

cxxii.   자크 르 고프·니콜라스 르뤼옹『중세 몸의 역사』(채계병 역, 제1판, 이카루스 미디어, 서울, 2009), 189쪽

cxxiii.   플라톤『플라톤의 대화편』(최명관 역, 개정판, 창, 서울, 2008), 290~292쪽

cxxiv. 토어스텐 파프로트니 『철학의 유혹자 −사랑을 말하다−』 (조희진 역, 제1판, 말글빛냄, 서울 2007), 197쪽

cxxv. 디팩 초프라 『죽음 이후의 삶』 (정경란 역, 제1판, 행복우물, 서울, 2007), 133쪽

cxxvi. 한스 게오르크 가다머 『과학 시대의 이성』 (박남희 역, 제1판, 책세상, 서울, 2009), 80, 81쪽

cxxvii. 질 들뢰즈 『니체와 철학』 (이경신 역, 제2판, 민음사, 서울, 2015), 63쪽

cxxviii. 같은 책, 64쪽

cxxix. 마이클 뉴튼 『영혼들의 여행』 (김도희·김지원 역, 개정판, 나무생각, 서울, 2014), 462쪽

cxxx. 케빈 홀 『겐샤이』 (민주하 역, 제1판, 연금술사, 서울, 2013), 236쪽

미혼, 사유와 철학에서 길을 찾다

싱글의 철학

초판 1쇄   2015년 10월 23일

지은이   이충현
발행인   김재홍
디자인   박상아, 강자현, 이슬기
마케팅   이연실
교정·교열   김현경

발행처   도서출판 지식공감
등록번호   제396-2012-000018호
주소   경기도 고양시 일산동구 견달산로225번길 112
전화   02-3141-2700
팩스   02-322-3089
홈페이지   www.bookdaum.com

가격   13,800원
ISBN   979-11-5622-123-4 03190

CIP제어번호   CIP2015028209
이 도서의 국립중앙도서관 출판예정도서목록(CIP)은 서지정보유통지원시스템 홈페이지
(http://seoji.nl.go.kr)와 국가자료공동목록시스템(http://www.nl.go.kr/kolisnet)에서 이
용하실 수 있습니다.